W0366522

DCG 4

DROIT FISCAL

DCG 4

DROIT FISCAL

FICHES DE RÉVISION

3e édition

Nathalie Gonthier-Besacier
Diplômée d'expertise comptable
Professeur des universités à Grenoble IAE

Jennifer Gasmi
Agrégée d'économie et gestion
Professeur en classes préparatoires au DCG

Jean-Luc Rossignol
Docteur HDR en gestion fiscale

en partenariat avec

DUNOD
leader de l'expertise comptable

EDITIONS
FRANCIS LEFEBVRE

Crédits iconographiques

p. 28 : © multiply by Trevor Dsouza from the Noun Project ; p. 29 : © Minus by ✦ Shmidt Sergey ✦ from the Noun Project ; © Equal by Manaqib S from the Noun Project ; p. 35 : © You Are Here by Eliricon from the Noun Project ; p. 49 : © Woman by Wilson Joseph from the Noun Project ; © expense by Adrien Coquet from the Noun Project ; © Screen Area by Andrejs Kirma from the Noun Project ; p. 147 : © Crane by supalerk laipawat from the Noun Project ; © Put In Package by Deemak Daksina from the Noun Project ; © shares by IconfactoryTeam from the Noun Project ; © Branch by andrewcaliber from the Noun Project ; p. 166 : © Businessman by Rflor from the Noun Project ; © Educational Inequality by Musavvir Ahmed from the Noun Project ; © agreement by popcornarts from the Noun Project ; © denial by Matthew Weatherall from the Noun Project ; p. 169 : © delay by jokokerto from the Noun Project ; © fees by SBTS from the Noun Project.

Maquette de couverture : Hokus Pokus

Maquette intérieure : Yves Tremblay

Mise en pages : Nord Compo

Le pictogramme qui figure ci-contre mérite une explication. Son objet est d'alerter le lecteur sur la menace que représente pour l'avenir de l'écrit, particulièrement dans le domaine de l'édition technique et universitaire, le développement massif du photocopillage.
Le Code de la propriété intellectuelle du 1er juillet 1992 interdit en effet expressément la photocopie à usage collectif sans autorisation des ayants droit. Or, cette pratique s'est généralisée dans les établissements d'enseignement supérieur, provoquant une baisse brutale des achats de livres et de revues, au point que la possibilité même pour les auteurs de créer des œuvres nouvelles et de les faire éditer correctement est aujourd'hui menacée. Nous rappelons donc que toute reproduction, partielle ou totale, de la présente publication est interdite sans autorisation de l'auteur, de son éditeur ou du Centre français d'exploitation du droit de copie (CFC, 20, rue des Grands-Augustins, 75006 Paris).

DANGER

LE PHOTOCOPILLAGE TUE LE LIVRE

© Dunod, 2021

11 rue Paul Bert, 92240 Malakoff

www.dunod.com

ISBN 978-2-10-082400-7

Le Code de la propriété intellectuelle n'autorisant, aux termes de l'article L. 122-5, 2° et 3° a), d'une part, que les « copies ou reproductions strictement réservées à l'usage privé du copiste et non destinées à une utilisation collective » et, d'autre part, que les analyses et les courtes citations dans un but d'exemple et d'illustration, « toute représentation ou reproduction intégrale ou partielle faite sans le consentement de l'auteur ou de ses ayants droit ou ayants cause est illicite » (art. L. 122-4).
Cette représentation ou reproduction, par quelque procédé que ce soit, constituerait donc une contrefaçon sanctionnée par les articles L. 335-2 et suivants du Code de la propriété intellectuelle.

Sommaire

Avant-propos

Bienvenue dans l'univers des fiches de révision Expert Sup !

Retrouvez l'essentiel du programme en **cinq mots-clés**.

1 Mobiles

Les fiches sont détachables ! Elles permettent donc de réviser en toutes circonstances pour des usages variés : glissées dans le manuel, en complément du cours, à emporter partout pour optimiser votre temps (dans les transports, entre deux cours...), etc.

#Détachable #Pratique #Utile #Nomade

2 Simples

La structure des fiches est basique et claire. Chaque fiche comporte des titres et rubriques aisément repérables, des mots-clés, des notions essentielles surlignées.

#Clair #Concis #Efficace #PrêtÀRéviser

3 Visuelles

Les fiches détachables Dunod reprennent l'essentiel du cours comme vous auriez pu le faire. Les informations les plus importantes ont été sélectionnées et mises en avant dans les rubriques ou surlignées dans le texte.

Des schémas, tableaux et autres synthèses facilitent la mémorisation du cours.

#Synthétique #Visuel #Structuré

4 Ergonomiques

La navigation d'une fiche à l'autre est aisée : les nombreux renvois vous guident et vous permettent de progresser à votre rythme tout en liant les notions du programme. La lecture n'est donc pas nécessairement linéaire.

#Souple #Complémentaire

5 Fidèles au programme

100 % conformes au nouveau programme applicable depuis la rentrée 2019 (session d'examens 2020), les fiches couvrent toutes les notions incontournables. À la fin de chaque fiche, la rubrique « Le + de l'expert » vous offre de précieux conseils pour faire la différence lors de l'épreuve.

#Fiable #RéussiteAssurée

Table des sigles et abréviations

AGA : Association de gestion agréée
BA : Bénéfices agricoles
BIC : Bénéfices industriels et commerciaux
BNC : Bénéfices non commerciaux
BOFiP : *Bulletin officiel des finances publiques*
CAHT : Chiffres d'affaires hors taxes
CET : Contribution économique territoriale
CFE : Cotisation foncière des entreprises
CFP : Contribution à la formation professionnelle continue
CGA : Centre de gestion agréé
CGI : Code général des impôts
CI : Crédit d'impôt
CIF : Crédit d'impôt Famille
CII : Crédit d'impôt Innovation
CIR : Crédit d'impôt Recherche
CITE : Crédit d'impôt pour la transition énergétique
CMUP : Coût moyen unitaire pondéré
CoAdm : Coefficient d'admission
CoAss : Coefficient d'assujettissement
CoTax : Coefficient de taxation
CGA : Centre de gestion agréé
CRDS : Contribution au remboursement de la dette sociale
CSG : Contribution sociale généralisée
CVAE : Cotisation sur la valeur ajoutée des entreprises
DGFiP : Direction générale des finances publiques
FEC : Fichiers des écritures comptables
HT : Hors taxes
IFI : Impôt sur la fortune immobilière
IFU : Imprimé fiscal unique
IR : Impôt sur le revenu
IS : Impôt sur les sociétés
LASM : Livraison à soi-même
MV : Moins-value
MVCT : Moins-value à court terme
MVLT : Moins-value à long terme
MVNCT : Moins-value nette à court terme
MVNLT : Moins-value nette à long terme
OGA : Organisme de gestion agréé
OPCVM : Organismes de placement collectifs en valeurs mobilières
PCG : Plan comptable général
PEPS : Premier entré – Premier sorti
PS : Prélèvements sociaux
PFNL : Prélèvement forfaitaire non libératoire
PFU : Prélèvement forfaitaire unique
PME : Petites et moyennes entreprises
PV : Plus-value
PVCT : Plus-value à court terme
PVLT : Plus-value à long terme
PVNCT : Plus-value nette à court terme
PVNLT : Plus-value nette à long terme
QF : Quotient familial
RCM : Revenus des capitaux mobiliers
RF : Revenus fonciers
SICAV : Société d'investissement à capital variable
TS : Traitements et salaires
TTC : Toutes taxes comprises
TVA : Taxe sur la valeur ajoutée
TVS : Taxe sur les véhicules de sociétés
Urssaf : Union de recouvrement des cotisations de sécurité sociale et d'allocations familiales
VAD : Vente à distance
VMP : Valeurs mobilières de placement
ZFU : Zone franche urbaine
ZRR : Zone de revitalisation rurale

1 Cadre de la fiscalité

Mots-clés

Champ d'application • Contribuable • Exigibilité • Fait générateur • Fixation de l'assiette • Impôt • Liquidation • Recouvrement

1 Droit fiscal

La fiscalité remplit un certain nombre de fonctions : une fonction financière, mais aussi des fonctions économique, politique et/ou sociale.

A. Sources du droit fiscal

Le droit fiscal tire ses sources :
- de la législation (lois, lois-cadres et certaines ordonnances) ;
- des règlements (décrets, arrêtés, circulaires) ;
- de la doctrine administrative (BoFiP) ;
- de la jurisprudence.

B. Organisation de l'administration fiscale

Les services centraux

Le ministère de l'Économie et des Finances comprend entre autres :
- la Direction des grandes entreprises, dont dépendent les très grandes entreprises ;
- la Direction générale des finances publiques, qui contrôle la production et la qualité des comptes de l'État et concourt à leur valorisation ;
- la Direction de la législation fiscale, qui conçoit les textes législatifs et réglementaires relatifs à la fiscalité et représente le ministère dans les négociations internationales en matière fiscale.

Les services déconcentrés

Les services fiscaux déconcentrés sont de quatre types :
- les services des impôts aux particuliers (SIP) ;
- les services des impôts des entreprises (SIE) ;
- les services des impôts fonciers (bureau du cadastre) ;
- les services de la publicité foncière.

2 Impôt

Définition

L'**impôt** est un prélèvement financier subi par les **contribuables** qui est :
- obligatoire et résulte d'un texte de loi ;
- définitif ;
- réalisé sans contrepartie ;
- en principe non affecté.

A. Éléments caractéristiques d'un impôt

Toute imposition repose sur 4 éléments :

- Le **champ d'application** : personnes imposables (qui ?), opérations imposables (pour quoi ?), règles de territorialité (où ?).
- La **fixation de l'assiette** : quelle base retenir ? Comment l'évaluer ?
- La **liquidation** : modalités de calcul (taux, barèmes, forfaits, etc.), fait générateur (quand ?), responsable du calcul (le contribuable ou l'administration).
- Le **recouvrement** : exigibilité (quand ?), forme (spontanément, par retenue à la source, sur avis ?).

B. Typologies des impôts

Les impôts peuvent être classés selon différentes dimensions :

- leur mode de collecte : impôts directs ou impôts indirects ;
- leur destination : impôts d'État ou impôts locaux ;
- leur base de calcul : impôts basés sur des revenus, des bénéfices, des patrimoines, du chiffre d'affaires, etc.

C. Poids des différents impôts dans les recettes de l'État français

**Répartition des recettes fiscales (projet de loi de finances pour 2021)
(ministère de l'Économie, des Finances et de la Relance)**

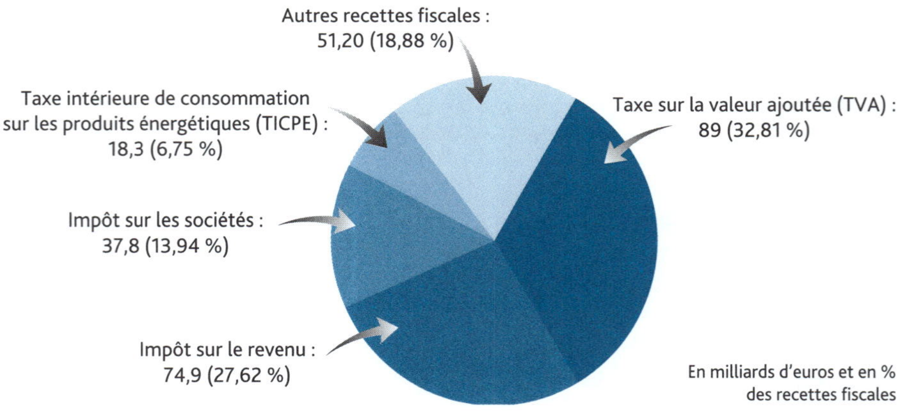

LE + DE L'EXPERT

Vous devez maîtriser le vocabulaire fiscal général pour appréhender correctement chaque impôt et taxe : contribuable, redevable et assujetti ; liquidation et recouvrement ; **fait générateur** et **exigibilité**.

2 Principe de la TVA

Mots-clés

Assujetti • Contribuable • Redevable • TVA collectée • TVA déductible

1 Pour l'entreprise assujettie

Lorsqu'une opération taxée est réalisée :

- l'entreprise **collecte, pour le compte du fisc**, la TVA facturée à ses clients ;
- elle **déduit la TVA qui lui a été facturée** par ses fournisseurs.

Ainsi, l'entreprise en reverse à l'État la différence.

Pour des motifs pratiques, la TVA due n'est pas déterminée opération par opération, mais pour une période d'activité (en général, le mois ou le trimestre).

Mécanisme de la TVA

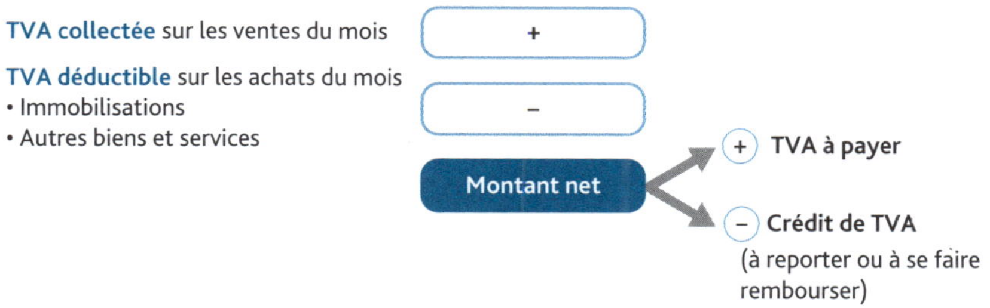

Le montant versé correspond à la valeur que l'entreprise a ajoutée au circuit économique, différence entre la production et les consommations en provenance de tiers.

La TVA est, en principe, « neutre » pour l'entreprise, qui agit comme seul intermédiaire dans la chaîne de recouvrement.

2 Pour l'État

Le Trésor public reçoit de tous les intermédiaires successifs une fraction de l'impôt sans attendre la mise à disposition du bien ou du service au consommateur final.

▸ Exemple

En N, un propriétaire récoltant R, soumis à la TVA au taux normal de 20 %, récolte lui-même des raisins, les presse et obtient du vin, qu'il vend à un négociant N au prix de 100 € HT.
En N+1, le négociant N paie un transporteur T 10 € HT, achète des bouteilles à un fournisseur B 20 € HT et revend le vin mis en bouteille à un épicier E pour un total de 300 € HT.
En N+2, l'épicier E fait de la publicité dans le journal J pour 50 € HT et revend tout le vin au consommateur final M. X pour 600 € HT.

Voici les incidences de la TVA sur ce processus économique :

	Encaissement / décaissement		Sommes perçues par le Trésor Public (TP)	
	Absence de TVA	Avec TVA		
Phase 1 : Récoltant R • Vend du vin à N • Paie la TVA au TP	 100	 120 – 20	 20	 de R
Flux de trésorerie net	100	100	20	
Phase 2 : Négociant N • Achète du vin à R • Paie le transport à T • Paie des bouteilles à B • Vend son vin à E Paie la TVA au TP	 – 100 – 10 – 20 300	 – 120 – 12 – 24 360 – 34	 2 4 34	 de T de B de N
Flux de trésorerie net	170	170	40	Taxe totale (120 €) intégralement supportée par le client final
Phase 3 : Épicier E • Achète son vin à N • Paie de la publicité à J • Vend son vin à M. X • Paie la TVA au TP	 – 300 – 50 600	 – 360 – 60 720 – 50	 10 50	 de J de E
Flux de trésorerie net	250	250	60	
Total			**120**	20 % du prix de vente final

Les 120 € de TVA collectée sur cette opération économique sont collectés en 3 phases successives, qui débutent dès N :

Phase	Valeur ajoutée créée	Taxe perçue	Commentaire
1	Le produit passe de 0 à 100 € ⇒ 100 €.	20 €	Taxe perçue (20 €) = 20 % × valeur ajoutée créée (100)
2	Le produit passe de 100 € à 300 € ⇒ 200 €.	40 €	Taxe perçue (40 €) = 20 % × valeur ajoutée créée (200)
3	Le produit passe de 300 € à 600 € ⇒ 300 €.	60 €	Taxe perçue (60 €) = 20 % × valeur ajoutée créée (300)

LE + DE L'EXPERT

C'est le consommateur final qui supporte la charge de la TVA : il est le **contribuable**. Les entreprises **assujetties** sont dans le champ d'application de la TVA ; elles en sont **redevables**, sont chargées de payer l'impôt au Trésor mais n'en supportent pas la charge.

3 Opérations imposables à la TVA

Mots-clés

Assujetti • Champ d'application • Franchise • Livraison à soi-même • Opération exonérée • Territorialité

1 Règles d'imposition

Les opérations économiques peuvent être soumises à la TVA pour trois raisons :

• Cas 1 : Elles sont dans le champ d'application de la TVA et non exonérées : « opérations imposables par nature ».

• Cas 2 : Elles sont dans le champ d'application de la TVA mais exonérées, avec option possible pour la TVA : opérations « imposables sur option ».

• Cas 3 : Elles sont hors du champ d'application de la TVA mais imposées en vertu d'un texte de loi : opérations « imposables par une disposition légale ».

Règles applicables aux différentes opérations économiques

Opérations	Caractère imposable	
	Régime général	Option possible
Opérations dans le champ d'application de la TVA : livraisons de biens et prestations de services effectuées à titre onéreux par un assujetti	Opérations imposables par nature (**cas 1**)	–
SAUF :		
• Opérations réalisées par un assujetti dont le chiffre d'affaires n'excède pas un certain seuil (85 800 € pour les ventes de biens et 34 400 € pour les prestations de services) et qui bénéficient ainsi de la franchise en base, à laquelle ils peuvent renoncer sur option	Opérations en principe exonérées ⇒ pas de TVA	⇒ opérations imposables sur option (**cas 2**)
• Opérations exonérées par disposition de la loi	Opérations en principe exonérées ⇒ pas de TVA	Pour certaines opérations seulement (*voir ci-après*) ⇒ opérations imposables sur option (**cas 2**)

Opérations	Caractère imposable	
	Régime général	Option possible
Opérations hors champ d'application de la TVA : autres opérations (ex. : encaissement de dividendes, certaines subventions) SAUF si imposition prévue par disposition expresse de la loi :	Opérations situées « hors champ » ⇒ pas de TVA	–
• Certaines **livraisons à soi-même** • Importations et acquisitions intra-communautaires (↪ **fiche 4**)	⇒ opérations imposables par disposition de la loi (**cas 3**)	– –
• Certaines opérations immobilières – de plein droit : ventes de terrains à bâtir ou d'immeubles bâtis neufs (moins de 5 ans)	⇒ opérations imposables par nature (**cas 1**)	–
– sur option : autres ventes	–	⇒ opérations imposables sur option (**cas 2**)

De plus, les règles de **territorialité** précisent le champ géographique d'application de la taxe (↪ **fiche 4**).

Principales exonérations de TVA et options possibles (cas 2)

Exonérations	Option possible
Exonérations visant à ne pas accroître le coût de certaines activités	
• Activités médicales et paramédicales réglementées, transports de malades, frais d'hospitalisation, soins (uniquement) réalisés par les pharmaciens	Non
• Activités d'enseignement (même artistiques et sportives par des personnes physiques)	Non
• Services à caractère social, éducatif, culturel, sportif, rendus par les associations à leurs membres et par les organismes à gestion désintéressée	Non
• Services publics des collectivités locales (abattoirs, ordures…)	Oui
Exonérations d'activités soumises à d'autres impositions	
• Opérations de bourse ou assurance	Non
Exonérations diverses	
• Certaines activités bancaires :	
– Intérêts, agios, escomptes, cessions de créances, prêts	Non
– Commissions sur tenues de comptes, sur effets, affacturages	Oui
• Recettes financières des entreprises, accessoires à l'activité principale	Non
Locations immobilières	
• Locations à usage d'habitation nues ou meublées	Non
• Locations de terrains à usage agricole	Non
• Locations de locaux nus à usage professionnel, industriel ou commercial	Oui

2 Cas des livraisons à soi-même

Sont concernées les immobilisations, consommations ou attributions au personnel ou au dirigeant de biens destinés à l'activité de l'entreprise ou qu'elle a produits et qui auraient pu être vendus. Seule la production de biens est visée, et non la prestation de services.

Imposition des livraisons à soi-même (LASM)

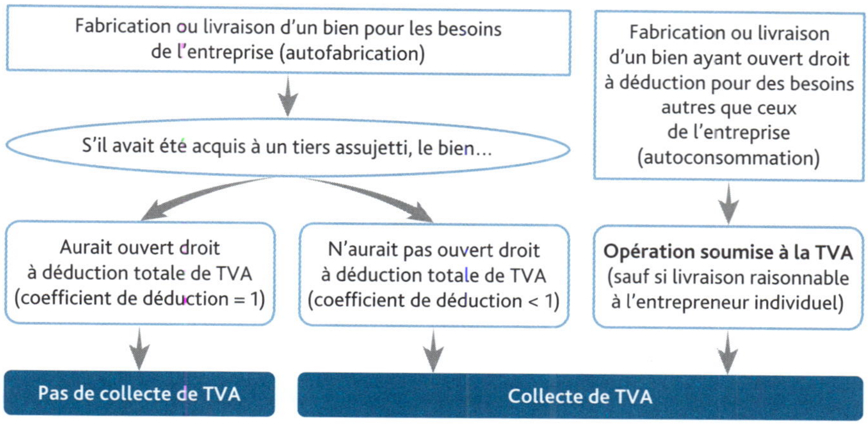

▶ Exemple

Durant le mois de septembre N, la société Les Arcs, qui exploite un garage, un magasin de pièces détachées et un atelier de réparations, a réalisé les opérations présentées ci-dessous.

Opérations	Taxation à la TVA	Observations
• Ventes de marchandises, réglées comptant	Oui	Livraison de biens, imposable par nature
• Location d'un studio meublé	Non	Opération dans le champ, exonérée sans option possible
• Vente d'une machine de l'atelier	Oui	Livraison de bien mobilier d'investissement, imposable par nature
• Prélèvement sur le stock pour les besoins du dirigeant	Oui	Livraison à soi-même (autoconsommation), opération hors champ imposable par disposition de la loi
• Perception d'une indemnité d'assurance consécutive à un accident	Non	Ne correspond pas à une opération à titre onéreux donc hors champ
• Encaissement de dividendes	Non	Opération hors champ
• Mise en location gérance d'un fonds de station-service	Oui	Location imposable par nature

▶

Opérations	Taxation à la TVA	Observations
• Distribution de cadeaux aux clients	Non	Opération sans contrepartie, hors champ
• Mise en service d'un élévateur réalisé par son personnel	Non	Livraison à soi-même (autofabrication) d'un bien ouvrant droit à déduction, opération hors champ
• Location d'un local vide et inutilisé à un vidéo-club	Non/oui	Opération dans le champ mais exonérée, avec option possible

3 Intérêt de l'option pour la TVA

Si l'activité est exonérée	Si l'activité est imposée
• Aucune TVA n'est collectée sur les ventes. • La TVA supportée sur les achats concernant l'activité n'est pas récupérable.	• La TVA est collectée sur les ventes. • La TVA grevant les achats concernant l'activité est récupérable (biens et services, ainsi qu'investissements). • La taxe sur les salaires n'est pas applicable.

▶ **Exemple**

Maître A. est avocate. Elle perçoit des honoraires annuels de l'ordre de 20 000 €. Pendant un mois donné, elle a réalisé les opérations suivantes :

- Recettes (honoraires encaissés) : 1 000 €
- Dépenses (réglées immédiatement) :
  - Redevance de crédit-bail d'un ordinateur : 240 € (TVA : 40 €)
  - Achat de documentations et de fournitures : 120 € (TVA : 20 €)
  - Salaire du secrétaire et charges sociales : 300 €

Maître A. bénéficie de plein droit de la franchise en base de TVA. Elle souhaiterait savoir s'il ne serait pas plus avantageux pour elle d'opter pour l'assujettissement à la TVA.
L'incidence est la suivante :

	Recettes	Dépenses	Net
Sans TVA	1 000	660	340
Avec TVA	1 200	660 + 140 (TVA due*) = 800	400

* 140 = 200 *(TVA collectée sur les honoraires)* – (40 + 20) *(TVA déductible sur les achats)*

L'option est donc intéressante pour elle. Reste à voir si ses clients seront impactés par l'application de la TVA sur les honoraires (non s'il s'agit d'assujettis, oui dans le cas contraire). ◀

LE + DE L'EXPERT

Apprenez à différencier les opérations hors du champ et les opérations exonérées.

4 Territorialité de la TVA

Mots-clés

Exportation • Importation • Livraison intracommunautaire • Territorialité • Vente à distance

Le territoire français regroupe, au sens de la TVA, la France continentale, la Corse et la principauté de Monaco.

Les départements et régions d'outre-mer (Guyane, Guadeloupe, Mayotte, Martinique, Réunion) et les territoires d'outre-mer sont considérés comme des territoires d'exportation par rapport à la France métropolitaine.

1 Ventes à l'export de biens meubles

A. Règles générales

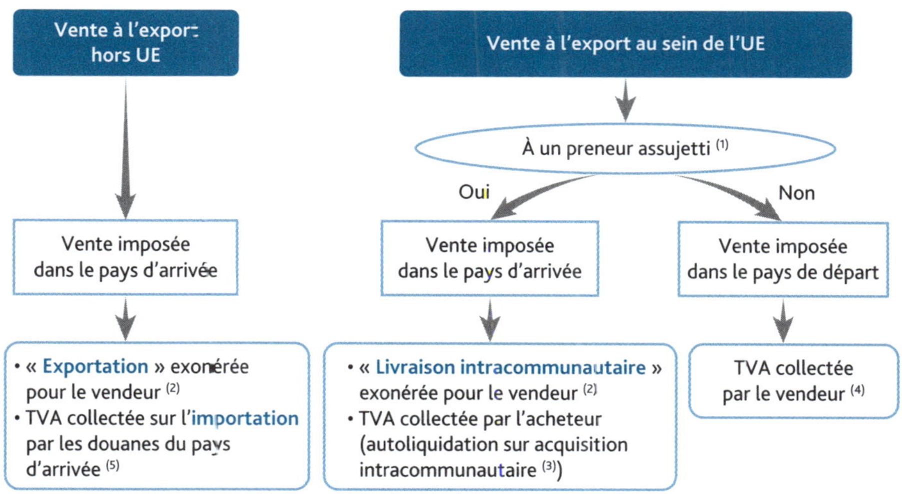

[1] Ayant fourni au vendeur son numéro d'identification intracommunautaire.

[2] Mais le vendeur peut déduire la TVA en amont sur les consommations. On parle de « taux zéro ».

[3] S'il peut déduire cette TVA, l'acquéreur fera donc la collecte et la déduction du même montant sur la même déclaration.

[4] Comme pour une vente interne.

[5] Douanes remplacées par la DGFiP à compter de 2022.

B. Exception concernant les ventes réalisées au sein de l'UE à des particuliers

Les ventes à distance réalisées au sein de l'Union européenne à destination des particuliers obéissent à des règles spécifiques.

Traitement fiscal des ventes à distance (VAD)

Montant annuel des ventes (N–1) > 10 000 € HT par an dans l'autre État de l'UE

Non → **Régime de droit commun**[1]

- Imposition dans le pays du vendeur
- TVA collectée par le vendeur au taux de son pays

⇒ *Possibilité d'avantage concurrentiel si pays à taux bas*

Oui → **Régime spécial des ventes à distance**

- Vente soumise à la TVA dans le pays de l'acheteur
- Obligation d'identification du vendeur auprès de l'administration du pays acheteur[2]

⇒ *Alignement obligatoire sur le taux local*

[1] Mais le vendeur peut opter pour l'imposition dans le pays de l'acheteur. Option séparée pour chaque pays.
[2] Formalité remplacée par un guichet unique à compter du 1er juillet 2021.

Pour les ventes de moyens de transports neufs aux particuliers, l'imposition se fait obligatoirement dans le pays de destination, quel que soit le montant.

Il existe une autre exception concernant les personnes bénéficiant d'un « régime dérogatoire » (PBRD), mais ce dernier n'est pas au programme du DCG et n'est pas détaillé dans cette fiche.

▶ Exemple

L'entreprise Auviscop fabrique, installe et répare du matériel audiovisuel pour des clients français et étrangers. La société réalise plus de 100 000 € de ventes à des particuliers vers l'Allemagne. Parmi les documents enregistrés durant le dernier mois par le service Comptabilité figurent ceux relatifs aux opérations suivantes :

Opérations		Lieu de taxation	Redevable
1. Vente de matériels	En France	France	L'entreprise Auviscop
	À un assujetti identifié en Allemagne	Allemagne (livraison intracommunautaire exonérée en France)	Le client allemand (auto-liquidation sur acquisition intra-communautaire)
	En Suisse	Suisse (exportation exonérée en France)	Le client suisse *via* les douanes suisses
2. Expédition d'un matériel à un particulier allemand		Allemagne (vente à distance)	L'entreprise Auviscop
		La société réalise plus de 10 000 € de ventes à des particuliers vers l'Allemagne, elle a donc l'obligation de désigner un représentant fiscal en Allemagne, qui assurera la collecte de la TVA au taux allemand (16 %)	

Opérations	Lieu de taxation	Redevable
3. Achat au magasin d'un matériel de 2 000 € par un particulier polonais (aucune autre vente n'étant jamais réalisée en Pologne), avec expédition par la poste	France (vente à distance)	L'entreprise Auviscop
	Aucune autre vente n'étant jamais réalisée en Pologne, et l'achat ne dépassant pas (par hypothèse) le seuil de 10 000 €, la société peut facturer la TVA française au client polonais, elle n'a pas l'obligation de désigner un représentant fiscal en Pologne pour s'acquitter de la TVA locale	

2 Ventes à l'export de prestations de services

A. Règles générales

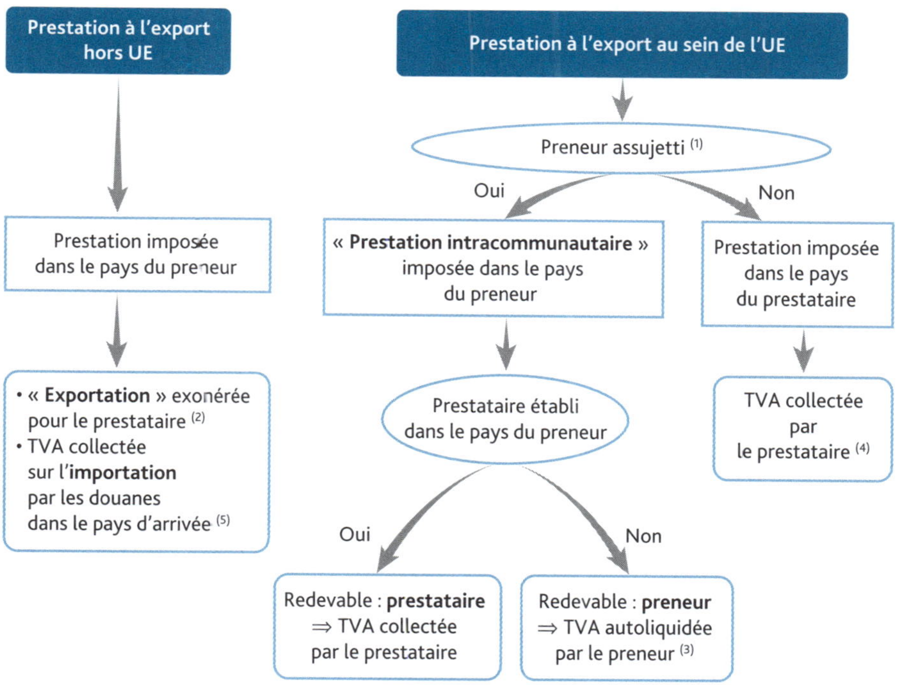

(1) Ayant fourni au prestataire son numéro d'identification intracommunautaire.

(2) Mais le prestataire peut déduire la TVA en amont sur les consommations. On parle de « taux zéro ».

(3) S'il peut déduire cette TVA, le preneur fera donc la collecte et la déduction du même montant sur la même déclaration.

(4) Comme pour une vente interne.

(5) Douanes remplacées par la DGFiP à compter de 2022.

B. Principales exceptions concernant les prestations de services intracommunautaires

Prestation	Lieu d'imposition
Service se rattachant à un immeuble	Lieu de situation de l'immeuble
Location de moyens de transport de courte durée (< 30 j) [1]	Lieu de mise à disposition du véhicule
Transport de personnes (hors transport maritime et aérien qui sont exonérés)	En principe, lieu de déroulement du transport (imposition dans chaque pays visé selon la distance parcourue), mais opération le plus souvent exonérée dans le cadre du transport international de personnes
Vente à consommer sur place	Lieu d'exécution des prestations
Prestation culturelle, sportive, scientifique, éducative ou de divertissement	
Fourniture de travaux et d'expertise à un non-assujetti sur des biens meubles corporels	
Transport de biens	• Intracommunautaire : lieu de départ du transport, ou État du preneur s'il est établi dans un autre État • Autre : lieu de déroulement du transport (imposition dans chaque pays visé selon la distance parcourue)
Service accessoire au transport	Lieu d'exécution des prestations

[1] Les locations de longue durée répondent aux règles de droit commun.

▸ Exemple (suite)

L'entreprise Auviscop a aussi effectué plusieurs réparations de matériels :

Client	Lieu de taxation	Redevable
• Client belge assujetti identifié	Belgique (livraison intracommunautaire de service exonérée en France)	Le client belge (autoliquidation sur acquisition intracommunautaire de service)
• Client italien non identifié	France (comme une vente interne)	L'entreprise Auviscop

LE + DE L'EXPERT

La différence de traitement entre les livraisons effectuées auprès d'assujettis et de particuliers n'existe que dans le cadre des échanges intracommunautaires.

5 Exigibilité de la TVA

Mots-clés

Assiette • Exigibilité • Fait générateur • Fraude à la TVA • Impayé • Option pour les débits • Taux normal • TVA collectée

1 Assiette

La base d'imposition (ou **assiette**) est constituée par le prix total HT, tous frais compris, du produit ou du service imposé.

Éléments inclus	Éléments exclus
• Prix de vente hors TVA • Impôts et taxes de toute nature rattachés à l'opération • Frais accessoires à la vente (intérêts, frais d'emballages perdus, de transport, d'assurance, etc.) • Compléments de prix • Indemnités d'origine contractuelle • Frais payés par le client à un tiers • Intérêts pour délais de paiement	• TVA • Réductions de prix • Frais à la charge directe du client, relatifs à un contrat indépendant de la vente et réglés directement par ses soins

2 Taux

En principe, le **taux normal** s'applique (**20 %**), sauf disposition particulière.

Taux	Principales opérations concernées
10 %	• Produits destinés à l'alimentation des animaux d'élevage • Médicaments non remboursés par la Sécurité sociale • Transports de voyageurs, logements (hôtels et campings) • Travaux des logements sociaux destinés à location • Ventes à consommer sur place et ventes à emporter ou à livrer préparées en vue d'une consommation immédiate (sauf boissons alcoolisées)
5,5 %	• Produits alimentaires (hors boissons alcoolisées et ventes à emporter) • Fournitures de repas dans les cantines scolaires • Livres, y compris en téléchargement et livres audio • Travaux d'amélioration de la qualité énergétique des logements • Droits d'entrée dans les salles de cinéma, réunions sportives et certains spectacles • Fournitures de logement et de nourriture dans les établissements pour personnes dépendantes, services d'aide aux personnes dépendantes et appareillages des handicapés • Abonnements de fourniture de gaz ou électricité • Certains spectacles • Certains produits paramédicaux
2,1 %	• Publications de presse et certains spectacles vivants • Médicaments remboursés par la Sécurité sociale

3 Fait générateur et exigibilité

Définitions

- Le **fait générateur** est le fait par lequel sont réalisées les conditions légales rendant exigible la taxe.
- L'**exigibilité** est l'événement qui fixe la date à laquelle l'opération doit être déclarée et le Trésor public peut réclamer le paiement de la taxe correspondante.

Date d'exigibilité chez le vendeur = Date de déductibilité chez l'acheteur

Les principes applicables dépendent de la nature du bien concerné : les règles diffèrent notamment selon que la vente porte sur un bien ou un service.

Nature de l'opération	Fait générateur	Exigibilité
Livraisons de biens meubles corporels	Délivrance du bien (peu importe le mode paiement)	
Prestations de services et travaux immobiliers	Exécution de la prestation de service	Encaissement du prix (paiement effectif par le client), sauf si option pour les débits – *voir ci-après*
Importations	Dédouanement	
Acquisitions intracommunautaires de biens	Délivrance du bien	• Le 15 du mois suivant la délivrance du bien • Date de la facture si celle-ci arrive avant le 15 du mois suivant le fait générateur
Acquisitions intracommunautaires de services	Exécution de la prestation de services	Exécution de la prestation ou encaissement d'acomptes antérieurs, le cas échéant
Livraisons à soi-même	Première utilisation	
Opérations immobilières	Rédaction de l'acte notarié	

A. Option pour les débits

Les prestataires de services et les entrepreneurs de travaux immobiliers peuvent être autorisés à acquitter la TVA d'après les débits, au moment de la facturation (donc dès l'exécution de la prestation).

Le redevable doit alors indiquer sur sa facture qu'il est autorisé à payer la TVA d'après les débits. En effet, la TVA est alors déductible pour l'acquéreur dès la réception de la facture.

B. Effets de l'option pour les débits

L'option pour les débits ne peut avoir pour conséquence de retarder l'exigibilité de la taxe. Ainsi, pour tout encaissement antérieur au débit (acomptes notamment), la TVA est alors exigible sur le montant des sommes encaissées (ce qui diffère donc des règles applicables pour les biens).

4 Affaires impayées ou annulées

Lorsque les ventes d'une entreprise sont impayées par un client et que la TVA a déjà été collectée pour cette vente (situation qui ne concerne donc pas les prestations de services en principe), la TVA peut être récupérée. Pour cela :

- La créance doit être irrécouvrable et toutes les mesures doivent avoir été prises pour récupérer la créance.
- L'entreprise doit faire parvenir au client une copie de la facture initiale comportant la mention « *Facture demeurée impayée pour la somme de XX € HT et pour la somme de XX €* (TVA correspondante) *qui ne peut faire l'objet d'une déduction* ».

La TVA sera alors portée en TVA déductible pour le vendeur dans la déclaration de TVA suivante et la TVA éventuellement déduite par l'acheteur devra être rendue au Trésor (collectée lors de la déclaration suivante).

Sur prestations de services : puisqu'aucune TVA n'a été « avancée », il n'y a donc pas lieu de régulariser la TVA.

Sur ventes de biens : la TVA « avancée » au Trésor peut, sous certaines conditions, faire l'objet d'un remboursement.

▸ Exemple

L'entreprise individuelle Val d'Isère est spécialisée dans la vente et la réparation de matériels informatiques. M. Iseran, qui est à sa tête, a enregistré récemment les opérations suivantes :

– le 20 novembre, il reçoit une commande pour deux machines de valeur unitaire 9 000 € HT ; le client lui règle 2 000 € à la commande ;

– le 22 novembre, il réceptionne pour réparation un injecteur ; après acceptation du devis par le client, il reçoit immédiatement un acompte de 1 000 € ;

– le 10 décembre, il livre les deux machines et reçoit du client un chèque de 5 000 €, ainsi qu'une traite au 10 janvier pour solde du prix ;

– le 15 décembre, l'injecteur, réparé, est expédié à son propriétaire accompagné de la facture (13 000 € HT). M. Iseran reçoit par retour de courrier un chèque de 500 €, ainsi qu'une traite au 28 février pour solde du prix, remise à l'escompte le 17 janvier.

Vente des machines

S'agissant d'une vente de biens, le fait générateur et l'exigibilité coïncident avec la date de livraison.
LA TVA est intégralement collectée au titre du mois de décembre pour un montant de : 18 000 × 20 % = 3 600 €.

Réparation de l'injecteur

S'agissant d'une prestation de services, en l'absence d'option pour les débits, le fait générateur est constitué par l'exécution de la prestation (15/12) mais l'exigibilité de la TVA se produit à chacun des versements reçus :

– en novembre au moment de l'encaissement de l'acompte de 1 000 € TTC ; TVA collectée : 1 000 / 1,20 × 0,2 = 166,67 € ;

– en décembre au moment de l'encaissement du chèque de 500 € TTC ; TVA collectée : 500 / 1,20 × 0,2 = 83,33 € ;

– en février au moment de l'échéance de la traite (la remise à l'escompte n'a pas d'incidence) de : (13 000 × 1,2) – 1 000 – 500 = 14 100 € TTC ; TVA collectée : 14 100 / 1,20 × 0,2 = 2 350 €.

On vérifie bien qu'au total la TVA collectée s'élève au montant de la TVA facturée : 166,67 + 83,33 + 2 350 = 2 600 €.

Remarque

Si la société opte pour les débits, l'exigibilité de la TVA sur la réparation se produit en deux temps seulement :

- En novembre au moment de l'encaissement de l'acompte de 1 000 € TTC : TVA collectée = 1 000 / 1,20 × 0,2 = 166,67 € car l'option pour les débits ne peut pas avoir pour effet de retarder le paiement de la TVA.
- En décembre lors de la réalisation de la prestation pour le solde :
  - – TVA facturée = 13 000 × 0,2 = 2 600 €
  - – TVA collectée en novembre : 166,67 €
  - – d'où TVA due au titre de décembre = 2 600 – 166,67 = 2 433,33 €

Concernant les opérations sur les prestations de services, c'est l'option formulée par le fournisseur qui permet de déterminer le moment de l'exigibilité de la TVA. Le client doit s'y conformer pour déterminer la date de déductibilité de la taxe. ◂

5 Obligations des assujettis

Des obligations s'appliquent dans le cadre de la lutte contre la **fraude à la TVA** :

- Obligation de logiciels et systèmes de caisse sécurisés et attestés : en cas de vente aux particuliers ou *via* des plateformes.
- Piste d'audit fiable : obligation de documenter les processus justifiant les factures d'achats et de ventes.
- Facturation électronique (« e-invoicing ») : elle est progressivement mise en place d'ici à 2025 pour les opérations entre assujettis. En parallèle se développe l'obligation de transmission dématérialisée de certaines informations relatives aux opérations soumises à la TVA de l'administration fiscale (« e-reporting »).

LE + DE L'EXPERT

- L'établissement de la TVA exigible sur les services est plus complexe que la TVA exigible sur les biens :
  - – la TVA se calcule à partir de montants payés, donc TTC, et il faut retrouver le montant de la TVA qui est « à l'intérieur » ;
  - – le calcul s'opère éventuellement en plusieurs temps.
- Pour la société, ces règles évitent l'avance de la TVA qui s'applique concernant les ventes de biens.

6 Déductibilité de la TVA : principes généraux

Mots-clés

Coefficient d'admission • Coefficient d'assujettissement • Coefficient de déduction • Coefficient de taxation • Crédit de TVA • TVA déductible

1 Principes généraux

Le droit à déduction vise à soulager l'entrepreneur du poids de la TVA, due ou acquittée, dans le cadre de ses activités économiques (neutralité).

Conditions de déductibilité de la TVA

Fond	Le droit à déduction : • est subordonné à la qualité d'assujetti (agissant en tant que tel) ; • ne s'applique que sur la TVA ayant grevé des biens ou des services : – affectés par l'assujetti à son activité économique, – et utilisés pour la réalisation d'une opération soumise à la TVA (pour les biens ou services partiellement utilisés pour des opérations imposables ➥ fiche 8) ; • est exclu lorsqu'il peut être démontré que l'assujetti a connaissance d'une fraude à la TVA entourant cette acquisition ; • est soumis à des limitations ou exclusions fixées par la loi.
Forme	La TVA doit figurer sur un document justificatif.
Temps	• Le droit à déduction prend naissance lorsque la taxe devient exigible chez le fournisseur (➥ fiche 5). • Si la déduction est omise, le contribuable peut réparer cet oubli jusqu'au 31 décembre de la seconde année suivante.

2 Détermination du montant déductible

A. Principe du coefficient de déduction

La **TVA déductible** relative à chaque bien ou service est déterminée en tenant compte à la fois :

- de son degré d'utilisation pour des opérations comprises dans le champ d'application de la TVA, *via* le **coefficient d'assujettissement**, et pour des opérations ouvrant droit à déduction de la TVA, *via* le **coefficient de taxation** ;
- des restrictions éventuelles prévues par la loi, *via* le **coefficient d'admission**.

Le **coefficient de déduction** d'un bien ou d'un service est composé du produit de ces trois coefficients.

Décomposition du coefficient de déduction

Coefficient de déduction (CoDéd)

Coefficient d'assujettissement (CoAss)	×	Coefficient de taxation (CoTax)	×	Coefficient d'admission (CoAdm)
Proportion d'utilisation d'un bien ou service pour des opérations entrant dans le champ d'application de la TVA		Proportion d'utilisation d'un bien ou service pour des opérations dans le champ ouvrant droit à déduction de la TVA (non exonérées)		Restrictions particulières du droit à déduction applicables aux dépenses listées par la réglementation

Pour les professionnels totalement soumis à la TVA, les coefficients d'assujettissement et de taxation sont égaux à 1 (cas des autres redevables ↪ fiche 8). Seul le coefficient d'admission peut restreindre le droit à déduction :

- si le bien ou le service ne fait l'objet d'aucune mesure d'exclusion ou de restriction, CoAdm = 1 ; la TVA sur ces achats de biens ou services est déductible ;
- si le bien ou le service fait l'objet d'une mesure d'exclusion, CoAdm = 0 : la TVA sur ces achats de biens ou services n'est pas déductible ;
- si le bien ou le service fait l'objet de mesure de restriction, 0 < CoAdm < 1 : la TVA sur ces achats de biens ou services n'est déductible qu'en proportion du coefficient d'admission.

B. Restrictions du coefficient d'admission (prévues par la loi)

Exclusions du droit à déduction (CoAdm = 0)	Exceptions à l'exclusion (CoAdm ≠ 0) et observations
Dépenses de logement engagées au profit du personnel et des dirigeants de l'entreprise.	Exception des dépenses relatives à la fourniture : • à titre gratuit du logement du personnel de sécurité ou de gardiennage ; • à titre gratuit du logement au bénéfice des tiers à l'entreprise.
Dépenses d'acquisition, d'entretien ou de location de moyens de transports de personnes : – voitures de tourisme ; – bateaux ; – motocyclettes ; – bicyclettes ; – camping-cars.	Exceptions : • Pour les prestations de transports de personnes : transports pour amener le personnel sur les lieux de travail, prestations réalisées pour le compte d'une entreprise de transports publics. • Pour les véhicules de transport de personnes : véhicules destinés à être revendus ou loués, véhicules de plus de 9 places utilisés pour amener le personnel sur les lieux de travail, véhicules des auto-écoles, véhicules des entreprises de transports publics.

Exclusions du droit à déduction (CoAdm = 0)	Exceptions à l'exclusion (CoAdm ≠ 0) et observations
Biens cédés sans rémunération ou en dessous de leur prix normal : cadeaux, commissions, gratifications, etc.	Exceptions : • Cadeaux d'une valeur unitaire inférieure à 69 € TTC par an et par bénéficiaire. • Présentoirs publicitaires, sous conditions.
Biens ou services utilisés par un assujetti à plus de 90 % à des fins étrangères à son entreprise.	Cette exclusion doit permettre d'éviter que des particuliers puissent acquérir des biens en franchise de TVA.
Certains produits pétroliers : – essence ordinaire avec ou sans plomb ; – essence super avec ou sans plomb ; – lubrifiant pour les véhicules exclus du droit à déduction.	• Coefficient d'admission de 1 : gazole, super-éthanol, gaz de pétrole et autres hydrocarbures utilisés à l'état gazeux pour les véhicules ouvrant droit à déduction ; gaz de pétrole liquéfié utilisé pour tous les véhicules. • Coefficient d'admission de 0,80 : gazole et super éthanol pour les véhicules n'ouvrant pas droit à déduction. • Coefficient d'admission de 0,50 : gaz de pétrole et autres hydrocarbures utilisés comme carburant pour des véhicules ouvrant droit à déduction. • Pour l'essence (ordinaire, super avec ou sans plomb), alignement progressif sur les règles applicables au gazole : coefficient d'admission de 0,60 (2020), puis de 0,80 (2021), quel que soit le véhicule. Et à partir de 2022 : coefficient de 0,80 pour les véhicules exclus du droit à déduction (1 pour les autres).
Services relatifs à des biens exclus du droit à déduction.	Ex. : réparation d'une voiture de tourisme.

La **fiche 7** présente, sous la forme d'exemples, les situations les plus courantes de restriction du coefficient d'admission prévues par la loi.

3 Modalités de déduction

La déduction est effectuée de manière **globale.**

A. Régime normal : imputation

En principe, pour chaque période, la TVA déductible est **imputée** sur la TVA collectée et la récupération de la TVA déductible est donc rapide.

TVA collectée sur ventes, acquisitions intracommunautaires, etc.	⊖	**TVA déductible** sur achats de biens et de services, investissements, etc.	⊜	**TVA nette à payer**

B. Régime exceptionnel : remboursement

Mais, si la TVA déductible est supérieure à la TVA collectée, la société est en situation de **crédit de TVA** et peut alors :

- soit reporter le solde sur les mois suivants sans limitation de délai ;
- soit en demander le remboursement sous certaines conditions :
  - à l'issue de chaque déclaration (mensuelle ou trimestrielle), si le crédit de TVA est au moins égal à 760 € ;
  - à la fin de l'année, si le crédit de TVA dégagé au 31 décembre est au moins égal à 150 €.

LE + DE L'EXPERT

Il ne faut pas confondre les opérations non soumises à TVA (aucune TVA n'apparaîtra sur la facture) et les opérations sur lesquelles l'entreprises cliente ne pourra pas déduire la TVA (il y a bien de la TVA facturée mais le coefficient de déduction du client est à zéro).

7 Déductibilité de la TVA : exemples

Mot-clé

Coefficient d'admission

L'exemple ci-après reprend les cas les plus fréquents de restriction du **coefficient d'admission** prévus par la loi (↪ fiche 6).

▶ **Exemple**

La société La Rosière est une entreprise de travaux publics et de promotion immobilière.

Opération	Déductibilité de la TVA
Achat d'un camion.	TVA déductible car véhicule utilitaire.
Achat d'un micro-ordinateur, qui sera utilisé 11 mois par an par l'entreprise et 1 mois par le fils du président qui est étudiant.	• TVA déductible car utilisation privée inférieure à 90 % de l'usage total. • Remarque : déduction partielle en raison de l'utilisation personnelle : on peut retenir 11/12 (↪ fiche 8).
Achat d'un logiciel de gestion de projet, spécifiquement conçu pour l'entreprise par une société de services.	• TVA déductible. • Remarque : vente d'un logiciel standard assimilée à une livraison de bien, mais fourniture d'un logiciel spécifique considérée comme prestation de services (TVA récupérable après paiement).
Location de deux chambres d'hôtel à Nice à l'occasion d'un congrès professionnel : l'une pour le président, l'autre pour un fournisseur.	TVA non déductible pour dépenses d'hébergement des dirigeants ou des salariés. Mais taxe déductible pour celles concernant les tiers (ici, le fournisseur), si nécessaires à l'exploitation.
Note de restaurant pour 6 personnes dont les noms sont mentionnés sur la note : le directeur commercial et 5 clients.	TVA déductible sur dépenses de restaurant, réception et spectacles engagées dans l'intérêt de l'entreprise (qu'elles concernent des tiers à l'entreprise ou son personnel).
Frais de déplacement engagés par le président (billets de train et notes de taxi).	TVA non déductible pour dépenses liées au transport de personnes.
Réparation de l'installation électrique : – dans un bureau ; – dans le logement meublé mis gratuitement à la disposition du gardien ; – dans le logement vide loué au directeur commercial ; – dans le logement meublé loué au responsable des achats.	• TVA déductible seulement pour services (réparations notamment) relatifs à des éléments non exclus : – bureau, local d'exploitation ; – logement du gardien (l'exclusion du droit à déduction des dépenses de logement n'est pas applicable pour le logement à titre gratuit, dans l'entreprise, du personnel de surveillance ou de sécurité). • Mais TVA non déductible pour réparations sur logements.

<table>
<tr><th>Opération</th><th>Déductibilité de la TVA</th></tr>
<tr><td>Achat d'un véhicule de tourisme.</td><td rowspan="2">• TVA non déductible sur véhicules de tourisme (destinés au transport de personnes), quelle que soit leur valeur et leur mode de financement (achat ou location).
• Remarque : TVA déductible en revanche si véhicule classé en type « commercial ».</td></tr>
<tr><td>Redevance mensuelle de crédit-bail pour un véhicule fonctionnant au GPL, utilisé par le représentant.</td></tr>
<tr><td>Achats de carburants :
– gazole pour les camions ;
– gazole pour le minibus ;
– essence super pour une camionnette approvisionnant les chantiers ;
– GPL pour la voiture de tourisme du représentant.</td><td>• Gazole : TVA déductible en totalité pour véhicules ouvrant droit à déduction (camions), et à 80 % pour véhicules exclus (minibus).
• Essence : TVA déductible à 0,6 (en 2020), puis 0,8 (en 2021) et 1 à compter de 2022 pour les véhicules ouvrant droit à déduction.
• GPL : totalement déductible quel que soit le véhicule.</td></tr>
<tr><td>Achat de lubrifiants :
– pour les camions ;
– pour la voiture de tourisme du représentant.</td><td>TVA déductible pour produits pour des véhicules ouvrant droit à déduction (camions) mais non déductible pour voiture de tourisme.</td></tr>
<tr><td>Achat de 10 bouteilles de vin : 500 € HT et 10 boîtes de gâteaux : 250 € HT, pour offrir, à 10 clients, 10 paquets comprenant, chacun, une bouteille et une boîte.</td><td>TVA non déductible car valeur des cadeaux excédant, pour chaque bénéficiaire et par année, 69 € TTC, frais de distribution compris.</td></tr>
<tr><td>Frais de péage d'autoroute concernant les déplacements réalisés dans l'intérêt de l'entreprise par :
– les camions ;
– la voiture de tourisme du représentant.</td><td>TVA déductible quel que soit le véhicule concerné.</td></tr>
</table>

LE + DE L'EXPERT

Les types de cas présentés dans cette fiche sont à maîtriser car ils sont très souvent abordés à l'examen et font rarement l'objet d'informations dans le dossier documentaire.

8 Déduction de TVA : cas des assujettis redevables partiels

Mots-clés

Assujetti • Assujetti partiel • Coefficient d'admission • Coefficient d'assujettissement • Coefficient de déduction • Coefficient de déduction définitif • Coefficient de déduction provisoire • Coefficient de taxation • Redevable partiel

Bien que le champ d'application de la TVA soit large, les **assujettis** qui réalisent des opérations taxées peuvent aussi en effectuer d'autres non imposables :

- certaines placées hors du champ d'application de la TVA (ex. : encaissement de dividendes), l'assujetti étant alors **assujetti partiel** ;
- certaines, dans le champ, mais exonérées en vue d'une disposition de la loi (ex. : activité médicale, produits financiers, etc.) : l'assujetti est alors **redevable partiel**.

Une personne (morale notamment) peut être « assujetti et redevable partiel ».

Or, la TVA afférente aux biens ou services achetés n'est déductible qu'en proportion de leur utilisation pour des activités taxables. Pour ces assujettis et/ou redevables partiels, le calcul du **coefficient de déduction** (↪ fiche 6) présente donc des particularités concernant les coefficients d'assujettissement et de taxation (en plus des règles concernant le **coefficient d'admission** qui visent tous les redevables, ↪ fiches 6 et 7).

1 Coefficient d'assujettissement

Il est égal, pour chaque bien ou service acquis, à sa proportion d'utilisation pour réaliser des opérations situées dans le champ d'application de la TVA :

$$\text{CoAss} = \frac{\text{Activités dans le champ}}{\text{Activités totales}}$$

- CoAss = 0 → pas de TVA déductible (CoDed = 0).
- CoAss = 1 → TVA déductible en intégralité sous réserve de la valeur des autres coefficients.
- CoAss = x % → TVA déductible pour x % sous réserve de la valeur des autres coefficients.

L'activité hors champ la plus courante est l'activité de gestion des dividendes de filiales. Sont également concernés les biens utilisés à des fins personnelles.

Pour déterminer le coefficient d'assujettissement propre à chaque opération, l'entreprise peut retenir des critères physiques ou financiers. L'assujetti peut, par année civile, retenir pour l'ensemble des biens ou services mixtes un **coefficient d'assujettissement** unique, à titre de simplification et sous réserve d'être en mesure d'en justifier le calcul.

2 Coefficient de taxation

Le **coefficient de taxation** est égal, pour chaque bien ou service, à sa proportion d'utilisation pour des opérations dans le champ et ouvrant droit à déduction parmi l'ensemble des opérations situées dans le champ.

$$\text{CoTax} = \frac{\text{Activités dans le champ et ouvrant droit à déduction}}{\text{Total Activités dans le champ}}$$

En principe, l'assujetti doit calculer un coefficient de taxation pour chacun des biens et services qu'il acquiert. Mais il peut retenir par simplification, pour l'ensemble de ses acquisitions de biens ou services d'utilisation mixte, un coefficient de taxation forfaitaire unique chaque année dont le mode de calcul est, lui, imposé par l'administration.

Calcul du coefficient de taxation forfaitaire

Éléments figurant au numérateur	Recettes ouvrant droit à déduction de TVA : • chiffre d'affaires soumis à TVA ; • exportations, livraisons intra-communautaires et opérations réalisées en suspension de taxe ; • prestations de services à soi-même et livraisons à soi-même de biens non taxables ; • subventions de complément de prix ou de contrepartie d'opérations imposables (pas subventions d'investissement).
Éléments figurant au dénominateur	Toutes les recettes afférentes aux opérations situées dans le champ d'application de la TVA : • sommes portées au numérateur ; • opérations dans le champ mais exonérées ; • produits financiers et recettes immobilières accessoires(1) exonérés.
Éléments ne figurant ni au numérateur ni au dénominateur	• Recettes correspondant à des opérations situées hors du champ d'application de la TVA ; • cessions de biens d'investissements ; • livraisons à soi-même d'immobilisations imposées à la TVA ; • produits financiers et recettes immobilières accessoires(1) exonérés.

(1) Sont considérés comme accessoires par rapport à l'activité principale les produits financiers et recettes immobilières ne représentant pas plus de 5 % du chiffre d'affaires TTC de l'entreprise ou ne nécessitant pas la mise en œuvre de plus de 1/10 de biens ou services grevés de TVA.

▸ Exemple

L'entreprise Karl exerce trois activités différentes :
- vente d'alarmes, soumise à la taxe de plein droit ;
- formation professionnelle, exonérée ;
- location de locaux nus à usage professionnel, taxable sur option. L'entreprise a opté pour la TVA.

Les chiffres d'affaires HT respectifs de ces trois activités sont les suivants : 100 ; 50 et 150.

Au cours de l'exercice, l'entreprise a réalisé les dépenses suivantes :
- achat d'un immeuble neuf utilisé pour les trois secteurs d'activité : 1 000 000 € HT ;
- recours à un consultant en communication pour promouvoir les activités de formation et de location : 4 000 € HT ;
- achat d'un véhicule de tourisme diesel, utilisé pour la formation et la vente d'alarmes.

TVA déductible sur opérations réalisées par l'entreprise Karl
- Immeuble : CoTax = (100 + 150) / (100 + 50 + 150) = 0,8333 = 0,84. CoDed = 1 × 1 × 0,84 → TVA déductible = 1 000 000 × 0,2 × 0,84 = 168 000 €
- Prestation : CoTax = 150 / (150 + 50) = 0,75. CoDed = 1 × 1 × 0,75 = 0,75 → TVA déductible = 4 000 × 0,2 × 0,75 = 600 €
- Véhicule : CoTax = 100 / (100 + 50) = 0,666 = 0,67. CoDed = 1 × 0 × 0,67 = 0 → TVA déductible = 15 000 × 0,2 × 0 % = 0 ◂

3 Modalités de détermination du coefficient de déduction

Le coefficient de déduction d'un bien ou service est égal au produit des coefficients d'assujettissement, de taxation et d'admission.

Tout au long de l'année, l'entreprise procède au calcul de la TVA déductible sur ses achats à partir de son **coefficient de déduction provisoire**, arrêté selon ses données comptables de l'année précédente.

Au plus tard le 25/04 de l'année suivante, l'entreprise calcule son **coefficient de déduction définitif**.

Une régularisation annuelle est alors le plus souvent nécessaire sur le plan fiscal quelle que soit l'importance de l'écart entre les coefficients provisoire et définitif.

Dans le cas des immobilisations, celle-ci entraîne par ailleurs une correction comptable de la valeur brute si l'écart est de plus de 5 % entre coefficients provisoire et définitif.

Régularisation du coefficient de déduction

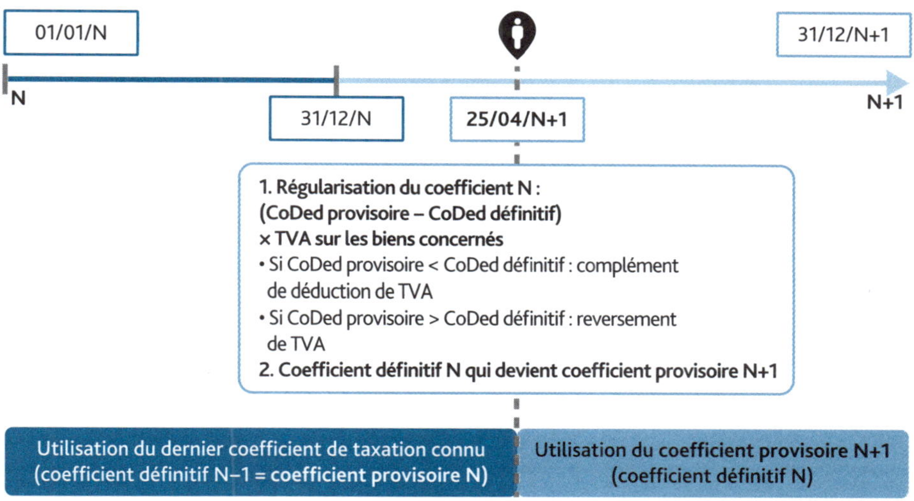

▶ Exemple

L'entreprise Alliot a acquis en N un matériel de 80 000 € HT et des services pour 14 000 € HT. Ces éléments sont utilisés pour des opérations situées dans le champ d'application de la TVA (CoAss = 1).

– coefficient de taxation forfaitaire provisoire N = 0,65 ;
– coefficient définitif N = 0,72 (calculé début N+1, avant le 25 avril N+1).

TVA déduite en N

Coefficient de déduction provisoire = 1 × 1 × 0,65 = 0,65
Déduction initiale de TVA :
- TVA déduite sur matériel : 80 000 × 0,65 × 0,2 = 10 400 €
- TVA déduite sur prestation : 14 000 × 0,65 × 0,2 = 1 820 €

Régularisation à effectuer au 25 avril N+1

Coefficient de déduction définitif = 1 × 1 × 0,72
Régularisations de TVA :
- Complément TVA déductible sur matériel : 80 000 × 0,2 × (0,72 – 0,65) = 1 120 €
- Complément TVA déductible sur prestation : 14 000 × 0,2 × (0,72 – 0,65) = 196 € ◀

LE + DE L'EXPERT

Les coefficients successifs doivent être arrondis à la deuxième décimale supérieure avant d'être multipliés pour déterminer le coefficient de déduction, qui est lui-même arrondi à la deuxième décimale supérieure.

9 Déduction de TVA : régularisations

Mots-clés

Coefficient de déduction • Complément de TVA déductible • Immobilisation • Régularisation annuelle de TVA • Régularisation globale de TVA • Reversement de TVA

Une TVA déjà déduite peut être remise en cause à l'occasion de circonstances précises, ce qui peut donner lieu :
- soit à un **reversement** de TVA (en tout ou partie) ;
- soit à un **complément de déduction**.

Ces opérations s'apprécient dans un délai de régularisation :
- immeubles : 20 années ou fractions d'années civiles ;
- autres **immobilisations** : 5 années ou fractions d'années civiles.

Chaque année civile ou fraction d'année civile commencée est incluse dans le délai : un achat le 30 décembre N avec une vente le 1er janvier N+4 compte pour 5 ans.

1 Régularisation de TVA relatives aux immobilisations

Il faut distinguer :
- les **régularisations annuelles de TVA** qui tiennent compte de l'évolution de l'utilisation des immobilisations dans le temps ;
- les **régularisations globales de TVA** qui sont déclenchées par la survenance de certains événements.

A. Régularisations annuelles

Principe

Les régularisations doivent être opérées chaque année (N) de la période de régularisation décomptée à partir de l'année d'acquisition N_0, si :

$$Ca\ (N) \times Ct\ (N) - Ca\ (N_0) \times Ct\ (N_0) > +/- \mathbf{10\ \%}$$

Montant

$$(CoDed\ N - CoDed\ N_0) \times \text{TVA totale sur l'immobilisation} \times \mathbf{1/5} \text{ (pour les biens meubles) (ou } \mathbf{1/20} \text{ pour les immeubles)}$$

Le calcul de la régularisation se fait chaque année, pendant tout le délai de régularisation, en revenant aux mêmes coefficients de l'année de référence, N_0.

Pour savoir s'il y a lieu de régulariser, la variation n'est calculée qu'avec les coefficients d'assujettissement et de taxation. Mais, le cas échéant, pour le calcul de la régularisation elle-même, le **coefficient de déduction** complet doit être pris en compte.

B. Régularisations globales

Principe

Certains événements donnent lieu à une régularisation globale s'ils interviennent dans le délai de régularisation (5 ou 20 ans) : cession du bien, transfert entre secteurs d'activité, modification d'utilisation, etc.

Montant

La régularisation globale est la somme des régularisations annuelles qui devraient intervenir jusqu'au terme de la période de régularisation s'il était possible de les étaler jusque-là (prises en compte même lorsque la variation CA × CT est inférieure ou égale à 10 %).

Deux situations pratiques principales donnent lieu à régularisation globale :

- Cas n° 1 : cession non soumise à TVA d'un bien qui avait donné lieu à déduction totale lors de son acquisition

En pratique, cela ne concerne que les cessions immobilières suivantes :
- cession d'un terrain qui ne répond pas à la définition des terrains à bâtir ;
- cession d'un immeuble achevé depuis plus de 5 ans lorsque l'option pour l'imposition à la TVA n'a pas été exercée.

⇒ Pour le vendeur :

$$\text{Reversement de TVA} = \frac{\text{TVA initialement déduite lors de l'achat} \times \text{Nombre d'années à courir dans le délai de régularisation}}{\text{20 ans (immeubles)}}$$

⇒ Pour l'acquéreur : s'il est assujetti et s'il s'agit pour lui d'une immobilisation, il bénéficie du droit de déduire (à hauteur de son propre coefficient de déduction) le montant de la TVA initialement appliquée sur le bien, à proportion de la durée d'utilisation restant à courir.

- Cas n° 2 : cession soumise à TVA d'un bien qui n'avait pas donné lieu à déduction totale lors de son acquisition

En pratique, cela ne concerne que deux situations :
- pour tous les redevables : revente, soumise sur option à la TVA et effectuée dans le délai de 5 ans, d'un bien mobilier n'ayant pas donné lieu à déduction (coefficient d'admission nul) : véhicule de tourisme et autre bien somptuaire ;
- pour les assujettis / redevables partiels (↪ fiche 8) : revente, soumise intégralement à TVA, de tout bien mobilier pour lequel la TVA initiale n'avait été que partiellement déduite.

⇒ Pour le vendeur :

$$\text{Complément de déduction de TVA} = \frac{\text{TVA non déduite lors de l'achat} \times \text{Nombre d'années à courir dans le délai de régularisation}}{\text{5 ans (meubles) ou 20 ans (immeubles)}}$$

⇒ Pour l'acquéreur : s'il est assujetti à la TVA, il peut déduire la TVA collectée par le vendeur lors de la cession (complément de déduction du vendeur sans incidence pour l'acheteur).

2 Régularisations globales sur autres biens et services

Les régularisations de TVA portent sur les situations suivantes :

- disparition des marchandises, sauf exceptions ;
- utilisation pour des opérations nous soumises à TVA.

La totalité de la taxe initialement déduite est reversée.

▸ Exemple 1

La société Vérité acquiert en N un matériel d'une valeur de 4 000 € HT destiné aux activités de son secteur taxable.
En N, le coefficient de taxation définitif est égal à 0,50 (coefficient de déduction = 0,5). Les années suivantes, ce coefficient évolue ainsi : 0,62 en N+1 ; 0,44 en N+2 ; 0,20 en N+3 et 0,40 en N+4.

Régularisations nécessaires

– Au titre de N+1 (début N+2) :
TVA déduite en N = 4 000 × 0,5 × 0,2 = 400 (début N+2) :
CA N+1 × CT N+1 – CA N × CT N = 1 × 0,62 – 1 × 0,5 = 0,12 > 10 %
Complément de TVA déductible = 4 000 × 0,2 × (0,62 – 0,5) × 1 / 5 = 19,2
– Pour N+2 : coefficient de déductibilité = 0,44, contre 0,5 en N, soit une différence inférieure à 10 % donc aucune régularisation.
– Pour N+3 : coefficient de déduction = 0,20, contre 0,5 en N, soit une différence supérieure à 10 %, donc reversement de TVA = 4 000 × 0,2 × (0,2 – 0,5) × 1 / 5 = 48
– Pour N+4 : coefficient de déductibilité = 0,40 contre 0,50 en N à différence inférieure à 10 % donc aucune régularisation.
– Les années suivantes : aucune régularisation n'intervient même si l'écart est supérieur à 10 % car les 5 ans sont dépassés. ◂

▸ Exemple 2

L'entreprise Masson, redevable de la TVA sur la totalité de son chiffre d'affaires, a acquis en février N un bâtiment pour un coût total de 1 000 000 € HT et déduit 200 000 € de TVA. L'entreprise cède le bien en N+7 pour 800 000 €.

TVA à reverser par la société Masson

L'acquisition du bâtiment en N a été soumise à TVA, qui a été entièrement déduite par la société Masson : TVA déduite en N = 200 000 €
Sa cession en N+7 n'est pas soumise à TVA car l'immeuble a été conservé plus de 5 ans.
Il y a donc un « déséquilibre » entre acquisition et cession. La société Masson doit reverser une fraction de la TVA qu'elle avait initialement déduite :

- Nombre d'années ou fractions d'années civiles d'utilisation : de N à N+7 ⇒ 8 années
- D'où TVA à reverser = 200 000 × (20 – 8) / 20 = 120 000 €

Situation de l'acheteur au regard de la TVA

S'il est assujetti et s'il s'agit pour lui d'une immobilisation : le vendeur lui transmet un droit à déduction équivalent à son reversement.
TVA déductible chez l'acheteur = 120 000 € (si son coefficient de déduction est égal à 1).
[Donc il paye 800 000 €, analysés en : coût de revient de l'immobilisation = 680 000 ; TVA déductible = 120 000 €].

Si Masson avait un coefficient de déduction égal à 0,8 (et non de 1)

– Chez le vendeur :

TVA déduite à l'acquisition : 200 000 × 0,8 = 160 000 €

TVA à reverser lors de la cession : 160 000 × 12 / 20 = 96 000 €

– Chez l'acheteur : droit à déduction de TVA transmis à hauteur de la TVA initialement appliquée au bien et sans tenir compte du coefficient de déduction de Masson, soit 120 000 € comme dans le cas précédent. ◂

▸ Exemple 3

L'entreprise Marple a acheté en novembre N un véhicule de tourisme pour 40 000 € HT, qu'elle revend en mai N+2 à un négociant pour 11 000 € HT avec option pour la TVA.
La société a vendu pour 400 000 € HT en N+3 un immeuble acquis sur plan en juillet N pour 300 000 € HT. Le coefficient de déduction était de 0,35 lors de l'achat et la vente est soumise à TVA.

L'entreprise soumet à TVA la cession des biens pour lesquels elle n'a pas pu la déduire totalement. Elle a donc droit à un complément de déduction de la TVA non déduite à l'origine.

Pour la voiture

TVA collectée lors de la vente = 2 200 €
TVA déduite lors de l'achat = 0 (coefficient d'admission nul) ⇒ TVA non déduite lors de l'achat : 40 000 × 0,2 = 8 000 €
Nombres d'années ou fractions d'années d'utilisation : 3
Complément de TVA déductible = 8 000 × (5 – 3) / 5 = 3 200 €

Pour l'immeuble

TVA collectée lors de la vente (vente intervenant dans le délai de 5 ans) = 400 000 × 0,2 = 80 000 €
TVA déduite lors de l'achat = 300 000 × 0,2 × 0,35 = 21 000 ⇒ TVA non déduite lors de l'achat = 300 000 × 0,2 × 0,65 = 39 000 €
Nombres d'années ou fractions d'années d'utilisation : 4
Complément de TVA déductible = 39 000 × (20 – 4) / 20 = 31 200 € ◂

LE + DE L'EXPERT

Concernant les immobilisations, une régularisation globale n'a lieu que si un « déséquilibre » de TVA entre l'acquisition et la revente du bien est constaté, ce qui ne se retrouve que dans deux cas en pratique. Dans les autres cas, plus fréquents, aucune régularisation de TVA n'intervient car un tel « déséquilibre » ne se produit pas.

10 Liquidation et paiement de la TVA

Mots-clés

Acompte • Franchise de base • Liquidation de la TVA • Modulation • Régime réel normal • Régime réel simplifié • TVA sur immobilisations

1 Régimes d'assujettissement à la TVA

Trois régimes existent, en fonction du chiffre d'affaires annuel. Une option est toujours possible pour un régime « supérieur ».

Seuils d'application des trois régimes de TVA (2020 à 2022)

Montant du CAHT annuel (hors opérations exceptionnelles)[1]		Régime applicable	Obligations liées
Ventes de marchandises et denrées sur place ou à emporter et fourniture de logement	Autres prestations de services		
Supérieur à 818 000 €	Supérieur à 247 000 € (ou TVA exigible au titre de N–1 > 15 000 €)	Réel normal	Une déclaration (CA 3) par mois ou par trimestre récapitulant l'ensemble des TVA déductibles et collectées et la TVA due
Compris entre 85 800 € et 818 000 €	Compris entre 34 400 € et 247 000 €	Réel simplifié	• Une déclaration (CA 12) par an récapitulant l'ensemble des TVA déductibles et collectées et la TVA due de l'année N • Deux acomptes payés durant l'année N, sur la base de la TVA N–1
Inférieur à 85 800 €	Inférieur à 34 400 €	Franchise en base	Absence de facturation de TVA, de déclaration et de récupération de la TVA payée

[1] Des seuils majorés sont prévus pour la première année de dépassement.

Dans tous les cas, la TVA doit être télédéclarée et téléréglée par toutes les entreprises concernées.

2 Obligations dans le régime réel normal

En fin de période (en réalité, en début de période suivante), chaque mois ou chaque trimestre (sur option si le montant de la TVA due annuellement est inférieur à 4 000 €), le contribuable calcule la TVA due dans la déclaration CA3 :

> Déclaration CA3 : TVA collectée – TVA déductible = TVA à décaisser

3 Obligations dans le régime réel simplifié

A. Principe

En N : versement de 2 acomptes au titre de la TVA N

Juillet N **(TVA collectée N–1 – TVA déductible N–1*) × 55 %**	**Acompte 1**
Décembre N **(TVA collectée N–1 – TVA déductible N–1*) × 40 %**	**Acompte 2**

* Hors TVA sur immobilisations

Avant le 30/04/N+1 : déclaration et paiement du solde de la TVA N

TVA collectée N – TVA déductible N

=

TVA due au titre de N

–

Somme des acomptes versés en N

=

Régularisation du solde

B. Modulation des acomptes

Sous sa responsabilité, le contribuable peut :

- diminuer, voire suspendre, le 2e acompte s'il estime que l'ensemble des versements qu'il réalise est supérieur ou égal au montant de la taxe qui sera finalement due ;
- diminuer le montant d'un acompte s'il estime que la taxe due à raison des opérations réalisées au cours du semestre visé, après imputation de la taxe déductible au titre des immobilisations, est inférieure d'au moins 10 % au montant de l'acompte correspondant.

Lorsqu'un acompte est indûment minoré, le montant mis à la charge du redevable est soumis à la majoration de 5 % et aux intérêts de retard.

C. Remboursement de la TVA sur immobilisations

Pour éviter d'attendre le dépôt de leur déclaration annuelle, les redevables peuvent demander un remboursement semestriel de la TVA déductible au titre des acquisitions d'immobilisations (hors acquisitions intracommunautaires ou livraisons à soi-même – LASM) réalisées de janvier à juin, dont le montant est supérieur ou égal à 760 € et sur justificatifs.

Ce remboursement ayant un caractère provisionnel, il donne lieu à une régularisation lors du dépôt de la déclaration annuelle.

La **TVA sur immobilisations** ne s'impute pas sur les acomptes, le paiement de ces derniers doit être effectué.
Pour les investissements du 2e semestre, la TVA sur immobilisation ne peut en principe pas être récupérée avant la déclaration annuelle de régularisation

▶ Exemple

L'entreprise Les Saisies est assujettie à la TVA selon le régime simplifié.
- Durant l'année N, elle a versé des acomptes pour un montant total de 10 640 €.
- Le 22 avril N+1, le comptable établit la déclaration annuelle de TVA pour l'année N en utilisant les données ci-dessous.
- Durant l'année N+1, les versements de TVA sont effectués de manière régulière.
- Le 20 avril N+2, le comptable établit la déclaration annuelle de TVA pour l'année N+1 en utilisant les données ci-après.

	N	N+1
Ventes (montants HT) :		
• taux réduit	166 565	160 578
• taux normal	135 716	170 132
Prestations de services (taux normal) :		
• facturées (montant HT)	34 960	43 812
• encaissées (montants nets)	39 000	42 000
TVA sur immobilisations	2 764	921
TVA sur biens et services (1)	28 314	26 120

(1) Factures reçues et payées pendant l'année

Régularisation dégagée sur la déclaration annuelle de TVA pour l'année N

TVA collectée :			
• sur ventes au taux réduit	166 565	5,50 %	9 161
• sur ventes au taux normal	135 716	20 %	27 143
• sur services encaissés (taux normal)	39 000	TTC, soit TVA :	6 522
Total TVA collectée			42 826
TVA déductible :			
• sur autres biens et services			– 28 314
• sur immobilisations			– 2 764
TVA nette due			11 748
– Total des acomptes versés			– 10 640
= Régularisation à effectuer (versement)			1 108

Montant de chacun des acomptes dus durant l'année N+1

Calculé à partir des données établies pour N :			
TVA collectée			42 826
– TVA déductible sur autres biens et services			– 28 314
Base			14 512
Montant du 1er acompte à verser en juillet N+1 : 55 % de la base	14 512	55 %	7 982
Montant du 2e acompte à verser en décembre N+1 : 40 % de la base	14 512	40 %	5 805
Total des acomptes versés			13 786

Régularisation dégagée sur la déclaration annuelle de TVA pour l'année N+1

TVA collectée :			
• sur ventes au taux réduit	160 578	5,50 %	8 832
• sur ventes au taux normal	170 132	20 %	34 026
• sur services encaissés (taux normal)	42 000	TTC, soit TVA :	7 000
Total TVA collectée			49 858
TVA déductible :			
• sur autres biens et services			– 26 120
• sur immobilisations			– 921
TVA nette due			22 817
– Somme des acomptes versés			– 13 786
= Régularisation à effectuer			9 031

LE + DE L'EXPERT

Pour conseiller au mieux les contribuables, il est nécessaire de maîtriser les conséquences de chaque option en matière de TVA :
– option pour le réel simplifié ou normal ou la conservation du régime de franchise ;
– option possible pour l'imposition de certaines opérations exonérées ;
– option pour les débits.

11 Principes généraux d'imposition des résultats des entreprises et sociétés

Mots-clés

Bénéfices industriels et commerciaux • Impôt sur les sociétés • Résultat fiscal

1 Principes généraux d'imposition

Les modalités de l'imposition des bénéfices réalisés par les entreprises et les sociétés varient, essentiellement selon la forme juridique retenue (↪ fiche 14).

Les deux types d'imposition des bénéfices

Régime	Caractéristiques
Imposition au titre des **bénéfices industriels et commerciaux (BIC)**	• Ce sont les associés qui sont imposés et non l'entreprise elle-même. • L'imposition du bénéfice n'apparaît pas comme une charge comptable de l'entreprise. • Le bénéfice est imposé au nom des associés, qu'il soit mis en distribution ou non : – personnes physiques : à l'impôt sur le revenu comme BIC (un déficit s'impute sur leurs autres revenus) ; – sociétés de capitaux : à l'IS (un déficit diminue leur résultat imposable).
Imposition au titre de l'**impôt sur les sociétés (IS)**	• La société a une personnalité fiscale et est redevable d'un impôt spécifique, l'IS. • L'IS est une charge comptable de la société. • Seuls les bénéfices éventuellement distribués sont imposables pour les associés. • Un déficit est sans incidence sur l'imposition des associés.

2 Principes de détermination du résultat imposable

Quel que soit le régime applicable, le **résultat fiscal** (assiette de l'impôt) diffère du résultat comptable. Il est obtenu à partir de ce résultat comptable, auquel sont appliquées, hors comptabilité et uniquement pour calculer la base imposable, des rectifications :

– les « **réintégrations** » concernent essentiellement des charges comptables non admises fiscalement. Initialement déduites du résultat comptable, elles sont ajoutées car elles ne doivent pas réduire la base de calcul de l'impôt ;
– les « **déductions** » correspondent essentiellement à des produits comptabilisés qui ne sont pas imposables au titre de l'exercice, ou taxés dans des conditions particulières ; ils doivent être déduits de la base imposable.

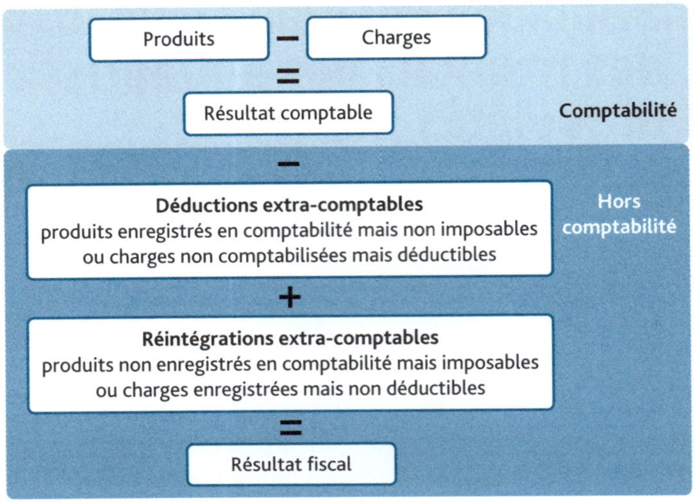

▶ Exemple

Au cours de l'exercice N, M. Breton, entrepreneur individuel, a dégagé un résultat comptable de 50 000 €. On note par ailleurs que :

- des charges comptabilisées pour 5 000 € ne sont pas déductibles ;
- des produits n'ont pas été comptabilisés mais concernent bien l'activité : 1 000 € ;
- des produits ont été comptabilisés mais ne sont pas imposables : 500 € ;
- des charges ont été comptabilisées et sont déductibles : 20 000 € ;
- des produits ont été comptabilisés et sont imposables : 70 000 € ;
- des charges n'ont pas été comptabilisées et sont pourtant déductibles : 700 €.

Calcul du résultat fiscal

	Déduction	Réintégration
Résultat comptable		50 000 €
Charges comptabilisées non déductibles, à réintégrer *(pour les neutraliser)*		5 000 €
Produits non comptabilisés mais imposables, à réintégrer *(pour les faire apparaître dans le résultat fiscal)*		1 000 €
Produits comptabilisés mais non imposables, à déduire *(pour les neutraliser)*	500 €	
Charges comptabilisées et déductibles, aucun retraitement		
Produits comptabilisés et imposables, aucun retraitement		
Charges non comptabilisées mais déductibles, à déduire *(pour les faire apparaître)*	700 €	
Total	1 200 €	6 000 €
Résultat fiscal		54 800 €

3 Processus de calcul selon le régime fiscal

A. Régime des BIC

Dans les entreprises relevant des BIC, on peut distinguer trois phases.

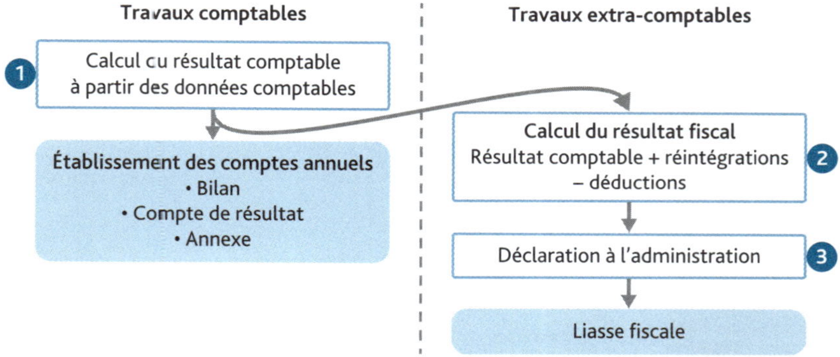

La suite de l'imposition est réalisée au nom des associés et non de l'entreprise.

B. Régime de l'impôt sur les sociétés

Dans les entreprises relevant de l'IS, on peut distinguer quatre phases.

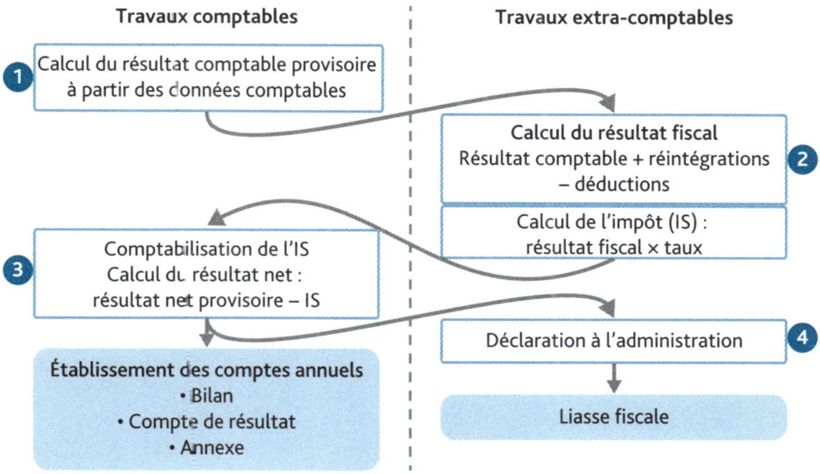

4 Principes d'affectation du patrimoine à l'activité

Alors que la comptabilité enregistre tous les produits et charges relatifs aux biens inscrits au bilan, les règles fiscales diffèrent selon le régime :

- En BIC, il convient d'inscrire dans le résultat tous les éléments en lien avec l'activité, qu'ils soient inscrits au bilan ou non (en conséquence de la règle de liberté d'inscription des biens à l'actif).

- En IS, il convient d'inscrire dans le résultat tous les éléments en lien avec les biens inscrits au bilan, qu'ils soient liés à l'activité ou non.

Ces divergences éventuelles sont susceptibles d'impacter l'affectation du patrimoine à l'activité.

Conséquences pratiques de l'affectation du patrimoine à l'activité

	Impôt au titre des BIC	Impôt au titre de l'IS
Opérations sur les biens non inscrits au bilan mais liés à l'activité (non comptabilisées)	Produits et charges à prendre en compte dans le résultat fiscal imposable en BIC ⇒ réintégrer les produits, déduire les charges	Produits et charges exclus du résultat fiscal imposable à l'IS ⇒ aucun retraitement
Opérations sur les biens inscrits au bilan mais non liés à l'activité (comptabilisées)	Produits et charges à exclure du résultat fiscal BIC ⇒ réintégrer les charges, déduire les produits Tolérance pour les biens produisant des revenus accessoires : produits imposables sur option en BIC, charges déductibles du revenus BIC dans la limite des produits imposables ⇒ surplus à réintégrer	Produits et charges inclus dans le résultat imposable à l'IS ⇒ aucun retraitement

LE + DE L'EXPERT

Utilisez un vocabulaire adapté : une charge est « déductible » ou non, un produit est « imposable » ou non.

12 Champ d'application des bénéfices industriels et commerciaux (BIC)

Mots-clés

Bénéfices industriels et commerciaux • Impôt sur le revenu • Territorialité

Dans le cadre de l'**impôt sur le revenu**, l'imposition au titre des **bénéfices industriels et commerciaux** (BIC) s'opère sous trois conditions cumulatives (↪ fiche 14).

Conditions cumulatives de l'imposition aux BIC (IR)

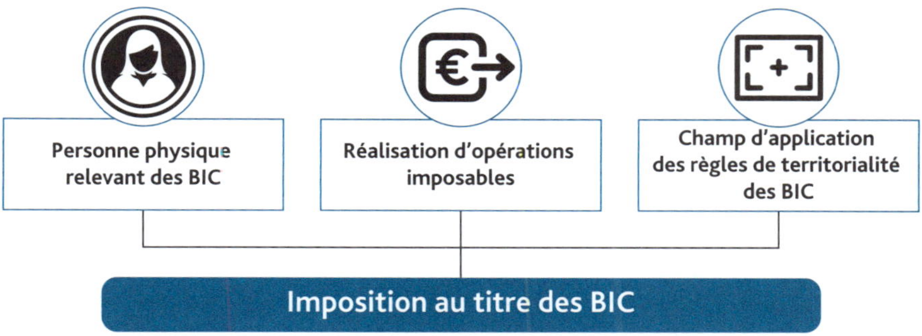

1 Personnes imposables au titre des BIC

Les personnes imposables au titre des BIC sont :

- les personnes physiques, exploitants individuels ;
- de plein droit (mais avec option possible pour l'IS) : les membres des sociétés de personnes et assimilées ;
- sur option (↪ fiche 14) :
  - permanente : les associés de SARL dites de famille,
  - temporaire : les associés de SAS, SARL et SA, sous conditions et pour 5 ans.

2 Activités imposables aux BIC

Activité imposable	Champ d'application
Activités imposables par nature : « Bénéfices réalisés par des personnes physiques et provenant de l'exercice d'une profession commerciale, industrielle ou artisanale » (article 34 du CGI)	• Achats de marchandises destinées à la revente en l'état ou après transformation • Activités de services, de location de biens meubles et de transport • Opérations de commission, de courtage et de banque • Activités hôtelières, d'hébergement et de restauration

Activité imposable	Champ d'application
Activités imposables par disposition de la loi	• Activités des marchands de biens et de construction d'immeubles : achat/vente d'immeubles • Location d'établissements industriels ou commerciaux équipés de matériels nécessaires à l'exploitation • Locations en meublé
Activités imposables à titre accessoire d'activités BIC	À condition que l'activité commerciale soit prépondérante et que les activités commerciales et non commerciales soient étroitement liées.

Les personnes imposables sont taxées dans les autres catégories de l'impôt sur le revenu pour la part des activités relevant d'une autre nature (pour les autres catégories de revenus ↪ fiches 31 à 35).

▶ Exemples

	Entreprise	BIC ?	Observation
1	M. A. est commerçant en fruits et légumes	Oui	Activité commerciale
2	Mme B. est le gérant diplômé d'une SARL d'expertise comptable et, à titre personnel, commissaire aux comptes de sociétés.	Non	La rémunération d'un gérant de SARL est assimilée à un salaire. L'activité de commissaire aux comptes est une activité libérale imposée au titre des bénéfices non commerciaux (BNC).
3	Mme C. est professeur de danse	Non	L'activité artistique, exercée autrement qu'à titre de salarié, est imposée au titre des BNC.
4	M. D., ancien épicier, perçoit le loyer de la location-gérance de son ancien fonds de commerce.	Oui	La location-gérance est assimilée à une activité commerciale en application d'une disposition spécifique du CGI.
5	M. E. gère un domaine agricole hérité de ses parents.	Non	Ces revenus constituent des revenus agricoles.
6	Mme F. perçoit les loyers de quatre studios loués meublés.	Oui	Les loyers perçus pour la location de meublés relèvent des BIC.

3 Territorialité

Les personnes ayant leur domicile fiscal en France sont imposables en France. Le domicile fiscal d'une personne est situé en France si l'une des conditions suivantes est remplie :

- son lieu de séjour principal est en France (au moins 183 jours par an) ;
- elle y exerce une activité professionnelle à titre principal ;
- elle y a le centre de ses activités économiques (principaux investissements, etc.).

LE + DE L'EXPERT

Les locations d'immeubles meublés relèvent des BIC et non des revenus fonciers.

13 Champ d'application de l'impôt sur les sociétés

Mots-clés

Impôt sur les sociétés • Territorialité

L'assujettissement à l'**impôt sur les sociétés** résulte :

1. de la qualité de la personne qui réalise les bénéfices ;
2. ET de l'application des règles de **territorialité**.

Contrairement aux BIC, si une personne morale est soumise à l'IS, elle l'est au titre de toutes ses activités, quelle que soit leur nature.

1 Personnes soumises

L'IS concerne en principe (↳ fiche 14) :

- De plein droit, les sociétés de capitaux et assimilées. Certaines d'entre elles peuvent cependant opter pour le régime des sociétés de personnes (BIC) et certaines sont exonérées d'impôt.
- Sur option, certaines sociétés de personnes relevant de plein droit de l'IR.

2 Territorialité

L'IS frappe les bénéfices réalisés dans les entreprises exploitées en France (métropole et DROM), sans considération de la nationalité de l'entreprise.

Ainsi sont intégrés au résultat imposable à l'IS :

- Les bénéfices ou pertes résultant des entreprises exploitées en France, c'est-à-dire provenant d'une activité réalisée :
  - dans le cadre d'un établissement autonome,
  - par l'intermédiaire de représentations n'ayant pas de personnalité professionnelle distincte de l'entreprise,
  - ou réalisant un « cycle commercial complet » en France.
- Les résultats d'entreprises étrangères attribuées à la France par une convention internationale.
- Les revenus des immeubles possédés en France.

Lorsqu'une entreprise exerce une activité à la fois en France et à l'étranger, il convient de ne taxer en France que la part des bénéfices réalisés en France. Les frais et les produits communs peuvent être répartis proportionnellement au chiffre d'affaires réalisés.

▸ Exemple 1

La société Executive BI exerce une activité de vente de marchandises en France et aux États-Unis *via* un magasin implanté dans ce pays. Les chiffres d'affaires réalisés sont de :

- 1 000 000 € en France ;
- 2 000 000 € aux États-Unis.

Le magasin américain ne possède pas de comptabilité autonome. Le total des charges françaises et américaines s'élève à 1 500 000 €.
Répartition des charges attribuables à chaque succursale en fonction de leur chiffre d'affaires : 1 500 000 × 2 000 000 / 3 000 000, soit 1 000 000 € attribuables aux États-Unis et 500 000 € à la France.
Bénéfice français taxable en France : 1 000 000 – 500 000, soit 500 000 €. ◂

▸ Exemple 2

La société anonyme française Omega réalise des chantiers concernant l'implantation de réseaux d'eau en France et à l'étranger. Elle a réalisé au cours de l'exercice les opérations suivantes :

Opération	Régime applicable
Installations de réseaux d'eau en France : 120 000 €	Opération réalisée par une SA relevant de l'IS, donc imposable à l'IS
Ventes de purges au Maroc : 50 000 €	Opération réalisée par une SA relevant de l'IS, donc imposable à l'IS
Réparation d'un réseau d'eau en Espagne : 17 000 €	Opération réalisée par une SA relevant de l'IS, donc imposable à l'IS
Installation d'un réseau d'eau en Chine ; le chantier, en place pendant 2 ans, était complètement autonome : 1 000 000 €	Le chantier est autonome et s'étale sur plusieurs exercices. Il ne relève pas de l'IS français, contrairement aux autres opérations réalisées par la société Omega, et est taxé en Chine
Une succursale italienne a réalisé une perte de 200 000 €	Le résultat est réalisé par une succursale (autonome établissant sa propre comptabilité), il ne relève pas de l'IS français mais de l'impôt italien correspondant
Une mission de courte durée a eu lieu en Belgique. Les ingénieurs ont été envoyés depuis le siège social situé à Calais : 20 000 €	Opération réalisée par une SA relevant de l'IS, donc imposable à l'IS

LE + DE L'EXPERT

Une succursale est un établissement dépendant d'un siège tout en bénéficiant d'une certaine autonomie. Sauf précision contraire, vous pouvez considérer que les résultats de la succursale doivent être imposés dans son pays d'établissement.

14 Régime applicable (BIC ou IS) selon la forme juridique des entités

Mots-clés

BIC • Impôt sur les sociétés • Option

Le régime fiscal applicable (↪ fiche 11) dépend essentiellement de la forme juridique. Des **options** sont toutefois possibles dans certains cas.

Entités	Imposition de plein droit au titre des BIC et, le cas échéant, option possible	Imposition de plein droit à l'IS et, le cas échéant, option possible
	Exploitants individuels	
Entreprise individuelle (EI)	X	
Entreprise individuelle à responsabilité limitée (EIRL)	X Option possible pour l'IS	
	Sociétés de capitaux (quel que soit leur objet)	
SA, SAS, SCA et SARL		X Option possible pour l'IR de façon : – permanente, pour les associés de SARL dites « de famille » (1) – temporaire pour les associés de sociétés nouvelles (2)
EURL • Associé personne physique • Associé personne morale	X Option possible pour l'IS	 X
	Sociétés de personnes	
SNC ou sociétés de fait	X Option possible pour l'IS	
Sociétés civiles • avec activité industrielle ou commerciale • sans activité industrielle ou commerciale	 X Option possible pour l'IS	 X
Sociétés en commandite simple	X Pour la part des bénéfices revenant aux commandités Option possible pour l'IS	X Pour la part des bénéfices revenant aux commanditaires

Entités	Imposition de plein droit au titre des BIC et, le cas échéant, option possible	Imposition de plein droit à l'IS et, le cas échéant, option possible
Sociétés en participation	X Pour la part des associés dont la responsabilité est illimitée Option possible pour l'IS	X Pour la part des associés dont la responsabilité est limitée
Autres entités		
Associations	En principe exonérées des impôts commerciaux sur leurs activités non lucratives	
		X Si leurs recettes commerciales annuelles ne présentent pas un caractère accessoire par rapport à l'activité principale et sont supérieures à 72 144 (seuil pour 2021)
Établissements publics, sociétés coopératives et autres personnes morales		X Se livrant à une activité lucrative (les mutuelles et coopératives artisanales et de transport ne sont pas imposables pour les opérations réalisées par les sociétaires)
Groupement d'intérêt économique (GIE) et groupement européen d'intérêt économique (GEIE)	X[(3)]	X[(3)]

(1) Option possible pour les SARL avec une activité industrielle, commerciale, agricole ou artisanale et formée uniquement entre parents en ligne directe, frères et sœurs et conjoints. Option indéfinie mais révocable, prise à l'unanimité des associés.

(2) Option pour les associés de SAS, SARL et SA de moins de 5 ans, non cotées, dont les droits sont détenus à hauteur de 50 % par des personnes physiques et 34 % par des personnes exerçant une fonction de direction. Option pour 5 ans non renouvelable, prise à l'unanimité des associés.

(3) Résultats imposés entre les mains des associés selon le régime.

▸ Exemple

Quatre amis sont depuis 3 ans les seuls associés de la SARL Dino, spécialisée dans la fabrication de casse-têtes en bois ; Sadmah détient 40 % des parts et assure la gérance.
La société (SARL) est soumise de plein droit à l'IS. Mais, s'agissant d'une SARL datant de moins de 5 ans, détenue à plus de 50 % par des personnes physiques et à plus de 34 % par une personne en assurant la gestion, celle-ci peut opter pour l'imposition au titre des BIC pour 5 ans. ◂

LE + DE L'EXPERT

Les BIC ne sont pas un impôt mais une catégorie de revenus relevant de l'impôt sur le revenu.

15 Détermination du résultat fiscal (BIC/IS) : produits imposables

Mots-clés

Bénéfices industriels et commerciaux • Impôt sur les sociétés

La majorité des produits comptabilisés sont imposés sans retraitement. Cependant, certains font l'objet de règles fiscales spécifiques, qui diffèrent parfois entre le régime des BIC et celui de l'IS.

1 Comparatif des impositions au titre des BIC et à l'IS

	BIC	IS
Subventions	• Subventions d'équilibre ou de complément de prix : imposables l'année de perception ⇒ Aucun retraitement • Subventions publiques d'investissement : *voir ci-dessous*	
Gains de change	• Réalisés (et comptabilisés) : imposables ⇒ aucun retraitement • Latents (non comptabilisés) : gains latents à intégrer dans le résultat fiscal ⇒ réintégration de Écart de conversion Passif N et déduction Écart de conversion Passif N–1	
Dividendes reçus – de la part de sociétés relevant de l'IS	Dividendes perçus taxés au titre des revenus des capitaux mobiliers (et non des BIC) dans le cadre de l'imposition des revenus de l'exploitant / de l'associé. ⇒ si titres inscrits à l'actif, dividendes à déduire du résultat fiscal BIC et à déclarer en RCM ; sinon, aucun retraitement (car produits non inscrits en comptabilité)	• Si société détient moins de 5 % de la filiale, régime de droit commun : dividendes taxés ⇒ aucun retraitement • Si société détient au moins 5 % de la filiale, régime mère-filles (optionnel) : dividendes non imposables à l'exclusion d'une quote-part pour frais et charges de 5 % ⇒ déduction des dividendes et réintégration de 5 % (ou déduction de 95 %)
– de la part de sociétés relevant de l'IR		• Imposition de la part des résultats revenant à la société au fur et à mesure qu'ils sont dégagés ⇒ réintégration des produits N ou déduction des pertes N • Dividendes perçus non imposables ⇒ déduction
Gains (ou pertes) latents sur OPCVM	• Non imposés (ou déductibles, s'agissant des pertes) ⇒ aucun retraitement	Écarts latents (non comptabilisés) fiscalisés ⇒ réintégration des gains latents N et déduction des gains latents N–1

2 Cas particulier : les subventions publiques d'investissement (BIC et IS)

Les subventions publiques d'investissement peuvent être :
- soit maintenues dans le résultat de l'année d'attribution ;
- soit étalées, en respectant alors impérativement les règles suivantes.

Règles d'étalement des subventions publiques d'investissement

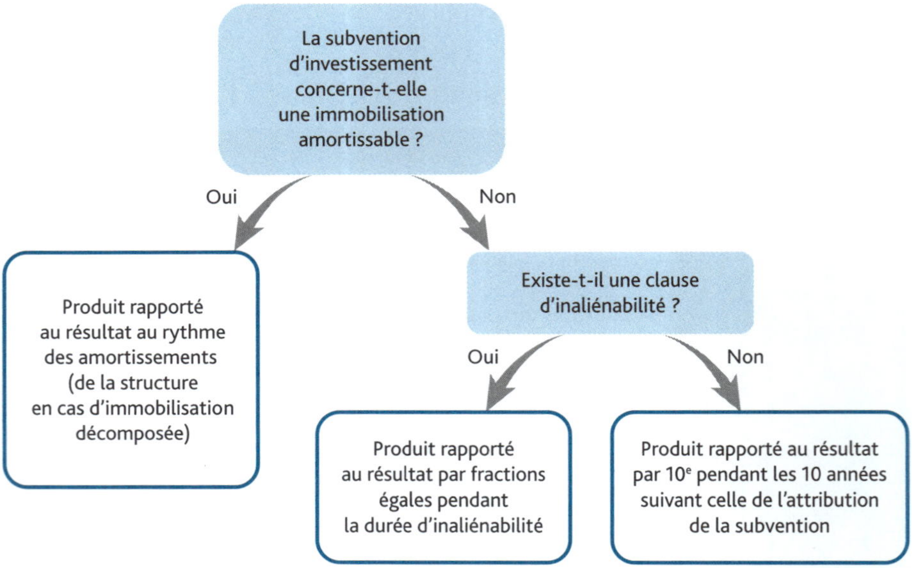

Le traitement comptable est généralement identique mais les options retenues sont indépendantes et des retraitements peuvent être à opérer dans certains cas.

Subvention étalée en comptabilité mais imposable immédiatement	• En N : réintégration de la fraction de subvention non comptabilisée • Lors des exercices suivants : déduction extra-comptable des produits comptabilisés
Subvention comptabilisée en produit mais étalée fiscalement	• En N : déduction de la fraction de subvention non imposable immédiatement • Lors des exercices suivants : réintégration des fractions de subvention imposables

LE + DE L'EXPERT

Vous devez maîtriser les UE « Introduction à la comptabilité » et « Comptabilité approfondie » afin de comprendre les retraitements nécessaires pour passer du résultat comptable au résultat fiscal.

16 Détermination du résultat fiscal (BIC/IS) : charges décaissables d'exploitation

Mots-clés

Bénéfices industriels et commerciaux • Charges • Impôt sur le revenu • Impôt sur les sociétés • Résultat fiscal

La plupart des charges comptabilisées sont déductibles normalement. Pour les autres, les règles applicables à la déductibilité des **charges** sont comparables entre les deux régimes d'imposition mais quelques différences sont à relever.

1 Comparatif des déductions des charges décaissables d'exploitation (hors rémunération des dirigeants et associés)

	BIC	IS
Principes généraux de déduction des charges	• Les charges doivent être liées à l'activité, dans l'intérêt de l'entreprise et ne pas être somptuaires, ce qui exclut donc : – les dépenses liées à la chasse ainsi qu'à l'exercice non professionnel de la pêche, les frais afférents aux yachts et aux bateaux de plaisance à voile et à moteur (sauf s'ils sont directement liés à l'activité) ; – les dépenses afférant à des résidences de plaisance (sauf services sociaux pour l'ensemble du personnel ou siège de l'entreprise) ; – l'amortissement des voitures particulières dépassant certains plafonds : 9 900 €, 18 300 €, 20 300 € ou 30 000 € selon le niveau de pollution des véhicules. • Les dépenses ne doivent pas être immobilisables (sauf par tolérance si leur valeur n'excède pas 500 € HT), c'est-à-dire destinées à servir durablement à l'activité ou à concourir à l'accroissement de la valeur ou de la durée de vie d'une immobilisation.	
Loyers ou redevances de crédit-bail sur véhicules de tourisme	• Locations de véhicules de tourisme supérieures à 3 mois : ⇒ réintégration de l'amortissement excédentaire théorique (*voir ci-dessus*) : dotation N théorique – dotation N calculée sur la base fiscale • Locations de véhicules de tourisme inférieures à trois mois : ⇒ aucun retraitement	
Dépenses d'entretien /réparation	Dépenses déductibles si elles n'entraînent pas le remplacement d'un composant ni l'augmentation de valeur ou de durée d'utilisation du bien ⇒ aucun retraitement	
Dépenses d'études et recherches	• Deux phases : – Phase de recherche ou de conception de logiciels : coûts obligatoirement passés en charges – Phase de développement : coûts soit immobilisables (si se rapportent à des projets nettement individualisés ayant de sérieuses chances de réussite commerciale), soit passés en charges. • Dans les deux cas, pas de décalage avec les règles comptables ⇒ aucun retraitement	

<table>
<tr><th></th><th>BIC</th><th>IS</th></tr>
<tr><td>Publicité et relations publiques</td><td colspan="2">Déductibles ⇒ aucun retraitement, sauf publicité prohibée</td></tr>
<tr><td>Primes d'assurance</td><td colspan="2">Primes relatives aux risques liés à l'exploitation (impayés, catastrophe naturelle, risques d'exploitation, etc.) déductibles et indemnités imposables ⇒ aucun retraitement</td></tr>
<tr><td>Primes d'assurance-vie ou d'assurance-décès :
• au profit d'un membre du personnel</td><td colspan="2">Primes déductibles (considérées comme un complément de salaire) ⇒ aucun retraitement
• L'indemnité ne passe pas par les comptes de l'entreprise, elle est versée directement au salarié ou à sa famille ⇒ aucun retraitement</td></tr>
<tr><td>• au profit de l'entreprise</td><td colspan="2">• Sur la tête d'un homme-clé : primes déductibles ⇒ aucun retraitement, indemnité étalable sur 5 ans ⇒ déduction du produit en N et réintégration de 1/5 chaque année à partir de N
• Sur la tête de toute autre personne : primes déductibles seulement lors du versement éventuel de l'indemnité ⇒ à réintégrer chaque année, puis à déduire globalement à l'échéance du contrat, indemnité imposable ⇒ aucun retraitement</td></tr>
<tr><td>• au profit d'un organisme financier</td><td colspan="2">• Imposée par l'organisme financier : primes déductibles ⇒ aucun retraitement, indemnité étalable sur 5 ans ⇒ déduction du produit en N et réintégration de 1/5 chaque année à partir de N
• Souscrite librement : primes déductibles seulement lors du versement de l'indemnité ⇒ à réintégrer chaque année puis à déduire au rythme de l'imposition de l'indemnité, indemnité étalable sur 5 ans ⇒ déduction du produit en N et réintégration de 1/5 chaque année à partir de N</td></tr>
<tr><td rowspan="3">Impôts et taxes</td><td>Impôts non déductibles (BIC) :
• Impôt sur le revenu du dirigeant ou des associés
• CSG à hauteur de 2,4 % des bénéfices d'exploitation et totalité de la CSG sur les plus-values à long terme
• CRDS : 0,5 %
• Impôts inclus dans la valeur d'origine des immobilisations (taxe locale d'équipement, etc.)
⇒ à réintégrer</td><td>Impôts non déductibles (IS) :
• IS et contributions rattachées
• Impôts inclus dans la valeur d'origine des immobilisations (taxe locale d'équipement, etc.)
• Taxe sur les véhicules de sociétés (déductible pour les sociétés relevant des BIC).
⇒ à réintégrer</td></tr>
<tr><td colspan="2">Imposition décalée : contribution sociale de solidarité ⇒ réintégrer charge N et déduire charge N–1</td></tr>
<tr><td colspan="2">Les rappels et dégrèvements suivent le régime de l'impôt auquel ils correspondent.
Les intérêts de retard, amendes et pénalités sur impôts ne sont jamais déductibles ⇒ à réintégrer</td></tr>
</table>

▶ **Exemple**

Déductibilité des redevances sur crédit-bail automobile

La SA CBL paie, depuis le 1er janvier N, une redevance mensuelle de 700 € TTC pour le contrat de crédit-bail d'une voiture de tourisme valant 32 000 € TTC. La limite fiscale qui lui est applicable est 18 300 € TTC. La durée d'amortissement de ce véhicule par la société de crédit-bail propriétaire est de 5 ans.

– Redevance annuelle comptabilisée : 12 × 700 = 8 400 €

– Fraction à réintégrer : (32 000 – 18 300) × 20 % = 2 740 € ◀

2 Comparatif des déductions des rémunérations des dirigeants et associés

	BIC	IS
Rémunérations des dirigeants	Non déductibles ⇒ à réintégrer si comptabilisées en charges et non en compte 108	Déductibles si elles correspondent à un travail effectif et ne sont pas exagérées ⇒ aucun retraitement
Cotisations sociales des dirigeants	• Cotisations obligatoires : déductibles ⇒ aucun retraitement • Cotisations facultatives : déductibles dans la limite de certains plafonds ⇒ excédent à réintégrer	Déductibles ⇒ aucun retraitement
Remboursement de frais aux salariés et dirigeants	• Remboursements de frais réels ou forfaitaires destinés aux dirigeants non déductibles ⇒ à réintégrer • Remboursements de frais réels ou forfaitaires destinés aux salariés déductibles ⇒ aucun retraitement	• Remboursements de frais réels et forfaitaires destinés aux dirigeants salariés ou aux salariés non cadres déductibles ⇒ aucun retraitement • Remboursements de frais réels ou forfaitaires destinés aux dirigeants non salariés et aux salariés cadres : déductibilité non cumulable ⇒ remboursements forfaitaires à réintégrer
Rémunération de l'activité des administrateurs (ex-jetons de présence)	En principe non applicable	• Sociétés de moins de 5 salariés : déductibilité limitée à 457 € par membre du conseil • Sociétés d'au moins 5 salariés : déductibilité limitée à la rémunération moyenne des 5 (si effectif < 200) ou 10 (si effectif ≥ 200) salariés les mieux payés × 5 % × nombre de membres du conseil ⇒ excédent éventuel à réintégrer

▶

▶ Exemple 1

Déductibilité des remboursements de frais

La SARL Meubles du Sud, soumise à l'IS, alloue des indemnités forfaitaires de frais de représentation et de déplacement à trois personnes salariées de l'entreprise :

– M. Gérard, associé et gérant minoritaire : 6 000 € par an et 2 400 € qui lui ont été remboursés sur justificatifs pour des frais de repas avec des clients ;

– Mme Dico, directrice commerciale non associée, 3 000 € par an et 2 000 € qui lui ont été remboursés sur justificatifs pour divers frais de déplacement ;

– M. Bagout, directeur de la communication non associé, 5 000 € par an.

Éléments de réponse

M. Gérard est gérant minoritaire donc gérant « salarié » : les 6 000 € et 2 400 € sont déductibles.
Mme Dico est cadre : seuls les frais réels sont déductibles (3 000 € à réintégrer).
M. Bagout est cadre sans frais réels ; l'indemnité forfaitaire est donc déductible.

▶ Exemple 2

Rémunération de l'activité d'administrateur (jetons de présence)

La société JPV, soumise à l'IS, dont l'exercice coïncide avec l'année civile, a versé :

– En N, à ses 4 salariés, des rémunérations totales de 104 000 € et, à ses 3 administrateurs, une rémunération d'activité de 2 600 €.

– En N+1, à ses 6 salariés, des rémunérations totales de 148 000 € dont 126 000 € aux 5 personnes les mieux payées et, à ses 3 administrateurs, des revenus d'activité de 4 200 €.

Éléments de réponse

Calcul des rémunérations de l'activité d'administrateur déductibles en N et N+1 :

	N	N+1
Montant comptabilisé	2 600	4 200
Montant déductible		
• En N : (3 × 457)	1 371	
• En N+1 : (126 000 / 5 × 5 % × 3)		3 780
Montant à réintégrer	**1 229**	**420**

LE ✚ DE L'EXPERT

Le calcul du plafond déductible de la rémunération de l'activité d'administrateur (ex-jetons de présence) s'effectue au *prorata temporis* du nombre d'administrateurs : dans l'exemple, si un 4e administrateur avait exercé ses fonctions à compter du 1er octobre N+1, le montant déductible pour N+1 aurait été : 126 000 / 5 × 5 % × 3,25 = 4 095 €.

17 Détermination du résultat fiscal (BIC/IS) : charges décaissables financières et exceptionnelles

Mots-clés

BIC • Charges • Résultat fiscal

1 Comparatif des principales déductions de charges décaissables financières

	BIC	IS
Intérêts des comptes courants d'associés	• Entreprises individuelles : aucune déduction possible ⇒ intérêts à réintégrer en totalité	–
	• Sociétés : déductibles si le capital est entièrement libéré et dans la limite du taux d'intérêt prévu par le législateur (1,18 % pour 2020) ⇒ à réintégrer totalement si capital non entièrement libéré ou en partie pour fraction excédant éventuellement le taux légal	
Intérêts des emprunts auprès de tiers	• En cas de compte de l'exploitant débiteur ⇒ réintégration = (solde débiteur moyen ou moyenne des prélèvements nets (plus petit montant) × intérêts versés) / montant moyen des prêts bancaires • En cas de compte de l'exploitant créditeur ⇒ aucun retraitement	Déductibles ⇒ aucun retraitement
Frais d'émission d'emprunts	Frais déductibles comme en comptabilité suivant 3 modalités : déduction immédiate ou déduction étalée de manière linéaire sur la durée de l'emprunt ou déduction étalée sur la durée de l'emprunt au prorata des intérêts courus ⇒ aucun retraitement	
Pertes de change (gains de change ↪ fiche 16)	• Réalisées et comptabilisées : déductibles ⇒ aucun retraitement • Latentes (non comptabilisées) : à prendre en compte fiscalement uniquement pour l'IS ⇒ déduction de « Écart de conversion Actif N » et réintégration de « Écart de conversion Actif N–1 » • Provision pour risque de change : non déductible (↪ fiche 18) ⇒ dotation à réintégrer, reprise à déduire	
Pertes sur OPCVM (gains sur OPCVM ↪ fiche 16)	• Cessions éligibles au régime des PMV (↪ fiche 19) • Aucun retraitement sur gains et pertes latents	• Réalisées et comptabilisées : déductibles ⇒ aucun retraitement • Latentes (non comptabilisées) : ⇒ déduction de Écart latent N et réintégration de Écart latent N–1 • Provision pour risque : non déductible (↪ fiche 18) ⇒ dotation à réintégrer, reprise à déduire

	BIC	IS
Charges financières en général	Déductibles ⇒ aucun retraitement	Les sociétés soumises à l'IS ne peuvent pas déduire leurs charges financières au-delà du plus élevé des deux montants suivants : • 3 millions d'euros • 30 % du résultat avant impôt, intérêts, dépréciations et amortissements ⇒ excédent éventuel à réintégrer

▸Exemples

Déductibilité des emprunts à des tiers (BIC)

M. Malin, entrepreneur individuel, a contracté le 1er mai N, pour son entreprise, un emprunt de 42 000 € au taux de 6 %.

Le compte de M. Malin a, durant l'exercice, présenté les soldes suivants :

- du 1er janvier au 28 février = + 5 000 € ;
- du 1er mars au 31 mai = – 11 000 € ;
- du 1er juin au 31 octobre = – 15 000 € ;
- du 1er novembre au 31 décembre = + 1 000 €

• Solde débiteur annuel moyen du compte de M. Malin : [5 000 × 2 + (– 11 000 × 3) + (– 15 000 × 5) + 1 000 × 2] / 12 = 8 000 • Moyenne des prélèvements nets : (16 000 + 4 000) / 2 = 10 000 • Plus petit des deux montants : solde débiteur moyen	– 8 000
Intérêts comptabilisés en N = 42 000 × 6 % × 8 / 12	1 680
Montant moyen de l'emprunt durant l'exercice = 42 000 × 8 / 12	28 000
Intérêt non déductible à réintégrer = 1 680 × 8 000 / 28 000	480

Pertes (et gains) de change

L'entreprise Inter réalise différentes opérations à l'international en décembre N :

– Achats de marchandises pour 1 000 CHF (1 CHF = 0,63 €)

– Ventes de marchandises pour 2 000 $ (1 $ = 0, 75 €)

Cours au 31 décembre N : 1 CHF = 0,66 € 1 $ = 0,77 €	Règlement au 1er février N+1 1 CHF = 0,64 € 1 $ = 0,80 €

- Évolution des dettes et créances :

Date	Valeur de la dette	Valeur de la créance
1er décembre N	630 €	1 500 €
31 décembre N	660 €	1 540 €
1er février N	640 € (paiement)	1 600 € (encaissement)

- Passage du résultat comptable N au résultat fiscal N :

	Déduction	Réintégration
Perte latente	30	
Provision		30
Gain latent		40

- Passage du résultat comptable N+1 au résultat fiscal N+1 :

	Déduction	Réintégration
Perte latente		30
Reprise sur provision	30	
Gain latent	40	

2 Comparaison des principales déductions des charges décaissables exceptionnelles

	BIC	IS
Dons	• Versés dans l'intérêt de l'entreprise (ex. : dons à un salarié en difficulté) : déductibles ⇒ aucun retraitement • Non consentis dans l'intérêt de l'entreprise : non déductibles ⇒ à réintégrer	
	Les dons consentis à des œuvres d'intérêt général ouvrent droit à une réduction d'impôt égale à : – 60 % du montant du versement jusqu'à 2 M€ ; – 40 % du montant du versement au-delà de 2 M€ ; – dans la limite de dons pris en compte de 20 000 € ou de 5 ‰ du CAHT (montant le plus élevé)	
Abandons de créances (essentiellement sociétés soumises au régime de l'IS)	• À caractère commercial (avec une contrepartie pour la société qui le consent ou dans le cadre d'une conciliation à compter de 2021) : profit imposable pour la bénéficiaire et charge déductible pour la société qui le consent ⇒ aucun retraitement • À caractère financier : charge non déductible, sauf si abandon consenti à une société en procédure collective (dans ce cas, déductible seulement à hauteur de la situation nette négative de la filiale et, au-delà, seulement en proportion de la fraction du capital détenu par les autres associés) ⇒ à réintégrer (totalement ou partiellement). Le profit est en principe imposable en totalité chez la filiale ⇒ aucun retraitement[1]	

[1] Sauf si la filiale s'engage à réaliser une augmentation de capital en numéraire d'un montant au moins équivalent au profit de la société mère dans les 2 ans.

▶ Exemple

Abandon de créance

La société ABD, soumise à l'IS, abandonne une créance de 400 000 € sur la société anonyme FAC dont elle détient 60 % du capital.
Les capitaux propres de cette filiale sont négatifs pour 250 000 €.

Hypothèse 1 : en cas de procédure collective chez FAC

	ABD		FAC	
À hauteur de la situation nette négative 250 000 €	250 000 € déductibles : aucun retraitement		250 000 € imposables : aucun retraitement	
	Participation de ABD	**Participation des autres associés**	**Participation de ABD**	**Participation des autres associés**
À hauteur de la situation nette positive à l'issue de l'abandon 150 000 €	La fraction de ce montant qui revient à ABD (90 000 €) est assimilée à un complément d'apport non déductible : à réintégrer	Le montant correspondant aux droits des autres actionnaires : 150 000 € × 40 % = 60 000 € est déductible pour ABD : aucun retraitement	La fraction assimilée à un complément d'apport (les 90 000 €) est imposable (aucun retraitement), sauf si FAC augmente son capital d'un montant équivalent au profit de ABD dans les 2 ans	Le montant correspondant aux droits des autres actionnaires : 150 000€ × 40 % = 60 000 € est imposable pour FAC : aucun retraitement

Hypothèse 2 : en l'absence de procédure collective chez FAC

Les 400 000 € ne sont pas du tout déductibles chez ABD (**à réintégrer**) mais sont imposables chez FAC (**à déduire**, sauf en cas d'augmentation de capital réservée à ABD dans les 2 ans pour un montant de 400 000 €). ◀

LE + DE L'EXPERT

L'existence d'un compte courant débiteur n'est envisageable que dans le cas d'une entreprise individuelle et non en présence d'une société.

18 Détermination du résultat fiscal (BIC/IS) : amortissements, dépréciations et provisions

Mots-clés

Amortissements • BIC • Charges déductibles • Dépréciations • Impôt sur le revenu • Impôt sur les sociétés • Provisions • Résultat fiscal

1 Comparaison des principales déductions d'amortissements

	BIC	IS
Principes généraux de déduction des amortissements	• Dotations fiscale calculée sur la valeur d'entrée du bien (non-prise en compte de la valeur résiduelle comme en comptabilité) • Durée d'amortissement déterminée par les usages professionnels (et non selon la durée réelle d'utilisation comme en comptabilité) : – durée d'usage > durée d'utilisation : réintégration de l'amortissement excédentaire – durée d'usage < durée d'utilisation : comptabilisation d'un amortissement dérogatoire et aucun retraitement nécessaire • Mode et date de départ de l'amortissement : – amortissement linéaire : taux = 100 / durée d'utilisation, départ = date de mise en service – amortissement dégressif (si autorisé) : taux = taux du linéaire × coefficient (1,25 / 1,75 / 2,25 selon durée) et départ = 1er jour du mois – amortissement exceptionnel (si autorisé) : modalités selon dispositif fiscal (suramortissements[1] notamment) et départ = 1er jour du mois	
Composant de deuxième catégorie	Non admis fiscalement ⇒ valeur du composant à réintégrer à celle de la structure pour calculer l'amortissement déductible fiscalement ; retraiter ensuite la différence entre la dotation comptable et la dotation fiscale	
Amortissement des biens mis à la disposition des dirigeants ou des salariés	Déduction maximale annuelle = loyers + avantage en nature – charges du bien ⇒ réintégration = dotation N – dotation maximale N	Déductible ⇒ aucun retraitement
Amortissement des véhicules de tourisme	Déductibilité limitée à la base fiscale (↪ fiche 16) ⇒ réintégration de l'excédant éventuel = dotation N – dotation N calculée sur la base fiscale	
Amortissements différés	• Analyse : – Dotation différée = fraction non constatée par rapport au plan prévu – Fraction régulièrement différée = fraction de l'amortissement différé qui ne contrevient pas à la règle de l'amortissement minimal (linéaire) – Fraction régulièrement différée = excédent éventuel • Rattrapage : l'amortissement irrégulièrement différé est définitivement perdu fiscalement ⇒ à réintégrer	

(1) Déduction fiscale exceptionnelle de 40 % de la valeur de certains biens, sous conditions.

▶ Exemples

Amortissement d'un bien loué (BIC)

L'entreprise Carmin met à disposition de son directeur général une maison que ce dernier utilise comme résidence principale. Pour ce logement, l'entreprise a déclaré un loyer de 7 000 €, un avantage en nature de 6 000 € et a comptabilisé 2 000 € de réparation. L'amortissement pratiqué sur la maison au titre de cet exercice est de 12 500 €.

- Amortissement comptabilisé : 12 500 €
- Amortissement maximum déductible = 6 000 + 7 000 – 2 000 = 11 000 €
- Amortissement non déductible à réintégrer = 1 500 €

Amortissements différés (BIC et IS)

La société Map relève des BIC. En N–1, elle procède à l'acquisition d'un bien d'une valeur de 4 000 €, amorti sur 5 ans selon le mode dégressif. En N, le comptable ne comptabilise pas l'amortissement.

- Plan prévu :

Année	Amortissement comptabilisé (comptable 681 + dérogatoire 687)	Amortissement minimum (linéaire sur la durée d'usage)
N–1	4 000 × 35 % = 1 400	4 000 / 5 = 800
N	(4 000 – 1 400) × 35 % = 910	800
N+1	(4 000 – 1 400 – 910) × 35 % = 592	800

- Plan réalisé :

Année	Amortissement comptabilisé (comptable 681 + dérogatoire 687)	Cumul des amortissements comptabilisés	Cumul des amortissements minimums
N–1	1 400	1 400	800
N	0 (oubli par le comptable) au lieu de 910	1 400	1 600
N+1	592 pour N+1 et 910 pour N soit 1 502	2 902	2 400

Amortissement différé = amortissement oublié = 910 €

Comparaison du cumul des amortissements comptabilisés et des amortissements minimums l'année de l'oubli : légalement, l'amortissement devrait être de 1 600 € fin N mais il n'est que de 1 400 €. Il manque 200 €

- En N :

Amortissement différé : 910 €, qui s'analyse en :

- Amortissement irrégulièrement différé : 1 600 – 1 400 = 200 €
- Amortissement régulièrement différé pour la différence : 910 – 200 = 710 €

- Lors du rattrapage en N+1 :
  - Dotation comptabilisée pour 1 502 €.
  - Dont 200 € correspondant au rattrapage de la fraction irrégulière non déductible : 200 € à réintégrer. ◀

2 Synthèse des principales règles concernant les dépréciations et provisions

D'une manière générale, pour que les **provisions** et **dépréciations** soient déductibles, les conditions suivantes doivent être réunies :

- faire face à des pertes ou **charges déductibles** fiscalement ;
- correspondre à des pertes ou charges nettement précisées (dont l'existence est probable et le montant évaluable de façon fiable) ;
- trouver leur origine dans des opérations ou situations existant à la clôture de l'exercice ;
- être comptabilisées et, pour certaines, déclarées.

Des règles particulières s'appliquent à certaines dépréciations et provisions.

	BIC	IS
Dépréciations	• Sur immobilisations amortissables : déduction rarement admise (perte de valeur en principe prise en compte dans l'amortissement) mais possible, si justifié, selon la valeur vénale • Sur immobilisations non financières non amortissables : déductibles • Sur titres (↪ fiche 19)	
Provisions diverses non déductibles (principales)	Provisions pour amendes et pénalités, pour départ en retraite, pour perte de change, de propre assureur, pour licenciement économique, pour impayés des clients (si l'entreprise est assurée contre ce risque, sinon déductible) ⇒ à réintégrer	
Provision pour congés payés	• Régime post-1987 : ⇒ aucun retraitement • Régime pré-1987 : provision déductible avec un an de décalage ⇒ réintégration de la provision N et déduction de la provision N–1	
Provisions réglementées (provision pour hausse des prix, etc.)	Avantage purement fiscal : • Dotation = charge déductible • Reprise = produit imposable ⇒ aucun retraitement	

▸ Exemple

Congés payés (BIC et IS)

L'entreprise Airpur, relevant de l'impôt sur le revenu, a opté en 1987 pour le maintien de l'ancien régime de déductibilité des congés payés (CP). Les résultats comptables avant impôt sont les suivants :

N	• Résultat comptable avant impôt : 130 000 € • Dettes provisionnées pour CP : 24 000 €
N+1	• Résultat comptable avant impôt : 152 000 € • Dettes provisionnées pour CP : 26 000 €
N+2	• Résultat comptable avant impôt : 86 000 € • Dettes provisionnées pour CP : 31 000 €

	N+1	N+2
Résultat comptable	152 000	86 000
Réintégrations : congés payés et charges provisionnées en fin d'exercice Déduction : congés payés et charges provisionnées en fin d'exercice précédent	26 000 24 000	31 000 26 000
Résultat fiscal	154 000	91 000

LE + DE L'EXPERT

À l'examen, vous devrez justifier les déductions et réintégrations opérées en détaillant vos calculs et en expliquant votre démarche.

19 Plus-values et moins-values professionnelles (BIC/IS) : règles générales

Mots-clés

Bénéfices industriels et commerciaux • Impôt sur le revenu • Impôt sur les sociétés • Plus-values professionnelles • Plus-values non professionnelles

Les plus-values ou moins-values constatées en comptabilité résultent de la sortie d'éléments d'actifs. Elles sont imposables mais bénéficient parfois d'un régime plus favorable que le résultat ordinaire.

Selon les situations, certains résultats liés aux cessions d'immobilisations sont qualifiés de plus-values ou moins-values à « court terme » (CT) ou à « long terme » (LT). L'enjeu est important car, selon la situation, l'imposition ne s'effectue pas dans les mêmes conditions :

- PVCT/MVCT : taxée au taux de droit commun ⇒ à maintenir dans le résultat fiscal
- PVLT/MVLT : taxée à taux favorable ⇒ à réintégrer/déduire du résultat fiscal

1 Principes généraux du régime des plus-values (PV) ou moins-values (MV) professionnelles

Le traitement fiscal des **plus-values professionnelles** diffère sensiblement entre les régimes BIC et IS.

Traitement fiscal des plus-values professionnelles selon le régime

	BIC	IS
Champ d'application du régime des plus-values	Uniquement les opérations sur des biens affectés à l'activité professionnelle, sauf activités accessoires (plus et moins-values privées ↪ fiches 37 à 39)	Toutes les opérations portant sur des biens inscrits au bilan
	Vise sous conditions : • sorties d'immobilisations corporelles et incorporelles[1] (cessions, mises au rebut, expropriation, sinistre, donation, etc.) • certains produits et charges liés à la gestion d'un portefeuille de titres (cessions de titres, dépréciations des titres et reprises sur dépréciation)	
Calcul des plus-values ou moins-values de cessions	• Valeur nette = Coût d'achat du bien – Complément de TVA déductible + Reversement de TVA – Sommes des amortissements (déductibles ou non) • Plus-value ou moins-value = Prix de vente – Valeur nette	
Plus-value LT immobilière	Abattement de 10 % par année révolue au-delà de la 5e année	Aucune PVLT possible sur un immeuble

(1) Sauf les brevets, qui font l'objet d'un régime spécifique (↪ fiche 22).

2 Règles applicables aux immobilisations corporelles et incorporelles (hors brevets)

	BIC	IS
Qualification des plus-values et moins-values	• PMV sur biens non amortissables de plus de 2 ans : LT • PMV sur biens amortissables de plus de 2 ans : CT à hauteur des amortissements pratiqués, LT au-delà • PMV sur biens de moins de 2 ans : CT	PMV sur toutes cessions de biens incorporels et corporels : CT
Taux du LT	(12,8 % + PS 17,2 %)	–

3 Règles applicables aux titres de portefeuille

Fiscalement, les titres de portefeuille sont répartis en deux catégories :

- Les titres de participation, qui comprennent :
  - les titres de participation au sens comptable (plus de 10 % du capital) ;
  - les titres acquis en exécution d'une OPA/OPE ;
  - les titres qui ouvrent droit au régime des sociétés mères (détention d'au moins 5 % des droits de vote pendant au moins 2 ans).
- Les titres de placement, lesquels englobent les autres titres.

Traitement fiscal des titres de portefeuille selon le régime

	BIC	IS
Champ d'application du régime des PV	**Tous les titres** (titres immobilisés, de participation, OPCVM, SICAV, FCP, VMP)	**Titres de participation** uniquement (titres de placement traités comme résultat ordinaire)
Méthode de valorisation	Méthode PEPS en principe, CMUP également possible (1)	
Qualification des PV et MV sur titres	• Cession de titres de plus de 2 ans = PMVLT • Cession de titres de moins de 2 ans cédés en même temps que des titres de plus de 2 ans de même nature = PMVCT • Cession de titres de moins de 2 ans = ne relève pas du régime PMV (résultat ordinaire)	
Dépréciations et reprises de dépréciations sur titres	• Dotations aux dépréciations de **tous les titres** (*quelle que soit la durée de détention*) : MVLT • Reprises ultérieures : PVLT	• Dotations aux dépréciations des **titres de participation**(2) (*quelle que soit la durée de détention*) : MVLT • Reprises ultérieures : PVLT

	BIC	IS
Taux du LT	(12,8 % + PS 17,2 %)	0 % mais, pour les cessions (et non les dépréciations), une quote-part de 12% est maintenue dans le résultat fiscal

(1) Méthode du CMUP admise en comptabilité pour les titres de participation et admise fiscalement à condition qu'elle ne minore pas l'impôt à payer par rapport à la méthode PEPS.

(2) Dotations sur autres titres relèvent du résultat ordinaire.

4 Traitement des plus-values ou moins-values

Le traitement fiscal des **plus-values non professionnelles** diffère sensiblement, notamment lorsqu'il s'agit de moins-values.

	BIC	IS
MVNCT	Comptabilisée et déductible en N ⇒ aucun retraitement	Comptabilisée et déductible en N ⇒ aucun retraitement
PVNCT	Comptabilisée en N mais étalable fiscalement sur 3 exercices ⇒ déduction de 2/3 en N, réintégration de 1/3 en N+1 et N+2	Comptabilisée et imposable en N ⇒ aucun retraitement
PVNLT	Imposable à taux réduit (12,8 %, + 17,2 % PS) ⇒ à déduire du résultat fiscal (pour la taxer à part)	Non imposable (0 %)(1) ⇒ à déduire avec réintégration d'une quote-part de 12 % pour PVLT sur cessions (et non concessions)
MVNLT	Reportable sur PVNLT de même nature des 10 exercices suivants ; comptabilisée et non déductible ⇒ à réintégrer	Non déductible (1) ⇒ à réintégrer

(1) Le régime LT dans le cadre de l'IS ne concerne que les opération sur titres de participation.

▸ Exemple

• Le 26 octobre N, la SARL Ran, soumise à l'IS, cède 15 000 actions Steven pour 1 188 000 €. Ces titres avaient été acquis en deux temps :

– 5 000 en N–4 à 50 € le titre ;

– 10 000 en N–1 à 55 € le titre.

L'entreprise utilise la méthode PEPS.

• La SARL Ran détient une participation dans la société Loune. Au 31 décembre N, elle a comptabilisé une dépréciation de 1 600 € sur ces titres.

• La SAL Ran a cédé un immeuble le 1er décembre N pour 1 157 280 €. Cet immeuble avait été acquis le 1er juin N–6 pour 800 000 € HT (majoré de la TVA à 20 %). Amortissement à la date de cession : 260 000 €.

Le bénéfice comptable N de la SARL Ran est de 2 896 000 €. Il existe une MVLT de 32 000 € dégagée au titre des exercices précédents.

Détermination des plus-values ou moins-values nettes de l'exercice N

- Cession des titres Steven :

– Prix de vente unitaire : 1 188 000 / 15 000 = 79,20 €
– Durée de détention : 5 000 titres détenus plus de 2 ans et 10 000 titres détenus moins de 2 ans mais cédés avec des titres détenus plus de 2 ans.
– PV sur titres détenus depuis plus de 2 ans : 5 000 × (79,20 – 50) = 146 000 € ⇒ PVLT à 0 % (sauf quote-part de 12 % maintenue dans le résultat : 146 000 × 12 % =17 520 €)
– PV sur titres détenus depuis moins de 2 ans : 10 000 × (79,20 – 55) = 242 000 € ⇒ PVCT

- Dépréciation des titres Loune :

⇒ MVLT = 1 600 €.

- Cession de l'immeuble :

– L'acquisition de l'immeuble avait donné lieu à récupération de la TVA au taux de 20 %. Il est revendu dans le délai de régularisation (7 années d'utilisation) et sans TVA (immeuble de plus de 5 ans). La cession entraîne donc un reversement de la TVA initialement déduite (↪ **fiche 9**).
– Reversement : 800 000 × 20 % × 13/20 = 104 000 €
– Ce reversement augmente la valeur nette fiscale de l'immeuble :
VCN = 800 000 + 104 000 – 260 000 = 644 000 €
PV = 1 157 280 – 644 000 = 513 280 €. Immobilisation corporelle donc PVCT.

- Plus-values nettes :

– PVNCT = 513 280 + 242 000 = 755 280 € (à maintenir dans le résultat fiscal)
– PVNLT à 0 % = 146 000 – 1 600 = 144 400 € (à déduire du résultat fiscal et réintégrer une quote-part de 12 % sur cession, soit 17 520 €) ◂

LE + DE L'EXPERT

Dans le cadre des BIC, les petites entreprises peuvent bénéficier d'exonérations / atténuations en matière d'imposition des plus-values pour faciliter la transmission de l'entreprise.

20 Plus-values et moins-values professionnelles (BIC/IS) : cas des indemnisations de sinistre

Mots-clés

Bénéfices industriels et commerciaux • Expropriation • Impôt sur le revenu • Impôt sur les sociétés • Plus-values • Moins-values • Sinistre

1 Contexte

Les indemnisations de **sinistre** ou d'**expropriation** peuvent générer des **plus-values** ou **moins-values** car ces indemnités sont assimilées à un prix de vente.

La qualification de court ou long terme est identique au droit commun mais un régime spécial permet, sous conditions, d'étaler l'imposition correspondante.

2 Traitement des plus-values ou moins-values sur sinistre

	BIC	IS
PVCT sur sinistre	PVCT sur sinistre : – étalable – à partir de N+1 – sur la durée moyenne pondérée des amortissements pratiqués sur les biens sinistrés dans la limite de 15 ans et de la PVNCT de l'exercice ⇒ PV à déduire en N et à réintégrer par 1/N-ième au cours des N exercices suivants	
		Comptabilisation d'une provision pour impôt (PVCT restant à étaler × taux d'IS) non déductible ⇒ dotation à réintégrer, reprises ultérieures à déduire
PVLT sur sinistre	Report d'imposition à N+2 ⇒ PV à déduire en N, report à suivre	*Aucune plus-value à long terme possible* (immobilisation corporelle)

▸ Exemple

La comptabilité de l'entreprise individuelle Meaudre a enregistré diverses opérations exceptionnelles durant l'exercice de 12 mois clos le 30 juin N.

- L'entreprise a cédé le 1er mars, au prix de 24 000 €, un camion acquis 80 000 € le 1er septembre N–5, amorti selon le système linéaire jusqu'à la cession pour 40 000 €.
- Elle a subi, le 1er février, un sinistre au cours duquel trois éléments de l'actif immobilisé, amortis selon le système linéaire, ont été détruits ; les indemnités d'assurance versées le 15 mai concernent :
  - pour 330 000 € : un bâtiment sans TVA acquis le 31 janvier N–14 au prix de 300 000 € et amorti pour 210 000 € à la date du sinistre ;
  - pour 39 250 € : un pont roulant acquis le 31 octobre N–7 au prix de 90 000 € et amorti pour 56 250 € à la date du sinistre ;

– pour 13 500 € : une machine acquise le 1er août N–3 au prix de 30 000 € et amortie pour 15 000 € à la date du sinistre.

Analyse des PV (règles des BIC)

Éléments	Prix d'achat	Amortis-sements fiscaux	Valeur résiduelle	Prix de cession	PV/MV	PV/MV CT	PV/MV LT
Camion	80 000	40 000	40 000	24 000	– 16 000	– 16 000	
Bâtiment	300 000	210 000	90 000	330 000	240 000	210 000	30 000
Pont roulant	90 000	56 250	33 750	39 250	5 500	5 500	
Machine	30 000	15 000	15 000	13 500	– 1 500	– 1 500	
Plus-value nette à court terme (PVNCT)						198 000	
Plus-value nette à long terme (PVNLT)							30 000

NB : Aucune régularisation de TVA n'est à pratiquer pour le bâtiment n'ayant pas donné lieu à TVA à l'achat

La PVNLT de 30 000 € découlant intégralement de l'indemnisation du sinistre sera imposée au taux réduit (12,8 % + 17,2 %), mais l'imposition correspondante sera payée au Trésor avec un différé de 2 ans, c'est-à-dire avec l'imposition du bénéfice de l'exercice clos le 30/06/N+2.

La PVNCT de 198 000 € comprend deux éléments :

- une PVCT résultant de l'indemnisation du sinistre pour 214 000 € ;
- une MVCT sur la cession du camion pour 16 000 €.

La fraction découlant de l'indemnisation peut être étalée sur la durée moyenne pondérée des amortissements pratiqués sur les immobilisations correspondantes, dans la limite de 15 ans. Cependant, le montant total pouvant bénéficier de cet étalement ne peut excéder la PVNCT globale de l'exercice (198 000 €).

Valeur d'origine des immobilisations concernées : 300 000 + 90 000 + 30 000, soit 420 000 €.

Durée des amortissements déjà pratiqués sur ces biens : 14 ans pour le bâtiment, 6 ans et 3 mois pour le pont roulant, 2 ans et 6 mois pour la machine.

Durée moyenne pondérée : (14 × 300 000 + 6,25 × 90 000 + 2,5 × 30 000) / 420 000 = 11,52 ans, arrondis à 12 ans.

La PVCT résultant de l'indemnisation, soit 214 000 €, mais dans la limite de la PVCT totale de l'exercice, soit 198 000 €, peut donc être imposée par fractions égales sur 12 ans à partir de l'exercice suivant celui de sa réalisation.

Conséquences

- pour N, le montant total de cette plus-value doit être réintégré : 198 000 € ;
- pour chacun des 12 exercices suivants, il y aura lieu de réintégrer : 198 000 / 12 = 16 500 €. ◄

LE + DE L'EXPERT

Le calcul des plus-values ou moins-values est identique dans le cadre d'une procédure d'expropriation, d'un sinistre ou d'une vente classique, seul le traitement des PVCT et LT change. On utilisera l'indemnité d'assurance ou d'expropriation comme prix de vente pour le calcul.

21 Plus et moins-values professionnelles (BIC/IS) : cas des biens acquis par crédit-bail mobilier

Mots-clés

Crédit-bail • Plus-value

S'agissant de biens acquis par **crédit-bail** mobilier (le crédit-bail immobilier n'est pas au programme de l'examen), deux opérations peuvent générer des **plus-values** au sens fiscal :
- la cession du contrat lui-même, avant son échéance ;
- la cession du bien concerné, après la levée de l'option.

1 Cession d'un contrat de crédit-bail mobilier

BIC	IS
Plus-value = Prix de vente du contrat	
• Cession d'un contrat de moins de 2 ans = PVCT • Cession d'un contrat de plus de 2 ans : – PVCT à hauteur des **amortissements théoriques** et PVLT pour le surplus – MVCT	Plus-value ou moins-value toujours à CT

$$\text{Amortissements théoriques} = \left(\begin{matrix}\text{Prix}\\\text{de revient}\end{matrix} - \begin{matrix}\text{Prix de levée}\\\text{de l'option}\end{matrix}\right) \times \frac{\text{Nombre d'années d'utilisation}}{\text{Durée totale du contrat}}$$

▸ Exemple

L'entreprise Remord a souscrit un contrat de crédit-bail auprès d'une société spécialisée ; ce contrat porte sur un matériel industriel (durée normale d'utilisation : 12 ans). Le contrat d'une durée de 10 ans prévoit une option d'achat du bien à son échéance pour un montant de 15 000 €.
Trois ans après la conclusion du contrat, l'entreprise Remord décide de céder ce contrat à une entreprise similaire à la sienne pour un montant de 50 000 €. La valeur d'achat de ce matériel par la société bailleresse s'élève à 120 000 €.

- Le prix de cession de 50 000 € est considéré comme une plus-value. S'agissant d'une entreprise relevant des BIC, cette plus-value est qualifiée de :
  – PVCT pour (120 000 – 15 000) × 3/10 = 31 500 € (maintenue dans le résultat fiscal) ;
  – PVLT pour 50 000 – 31 500 = 18 500 € (taxée à taux réduit donc à déduire).
- S'il s'agissait d'une société soumise à l'IS, la totalité de la PV serait à CT. ◂

2 Cession d'un bien acquis à l'issue d'un contrat de crédit-bail

BIC	IS
Plus-value = Prix de levée de l'option – Amortissements pratiqués depuis la levée de l'option	
• Cession du bien moins de 2 ans après la levée de l'option = PMVCT • Cession du bien plus de 2 ans après la levée de l'option : – PVCT à hauteur des amortissements pratiqués depuis la levée de l'option + Amortissements théoriques(1) avant la levée de l'option ; PVLT pour le surplus – MVCT	Plus-value ou moins-value toujours à CT

(1) Calculés comme précédemment

▶ Exemple

La société Pippo relevant de l'IR a conclu le 2 janvier N–9 un contrat de crédit-bail d'une durée de 7 ans portant sur un matériel industriel d'une valeur de 50 000 €. Le prix de levée de l'option d'achat était de 5 000 € au 2 janvier N–2. À cette date, la durée de vie a été estimée à 4 ans. Elle cède ce bien, le 2 janvier N+1, pour 3 000 €.

Le bien est cédé plus de 2 ans après son acquisition.

- Prix de vente : 3 000 €
- Prix d'acquisition : 5 000 €
- Amortissement : 5 000 × 1/4 × 3 = 3 750 €
- Valeur nette fiscale : 5 000 – 3 750 = 1 250 €
- Plus-value 3 000 – 1 250 = 1 750 €

S'agissant d'une société relevant des BIC, la plus-value est à CT à concurrence du total :

– des amortissements pratiqués :	3 750
– des amortissements théoriques : (50 000 – 5 000) × 7/7 =	45 000
La plus-value est en totalité à CT car inférieure à	48 750 €

Remarque : si la société était soumise à l'IS, la totalité de la PV serait aussi à CT. ◀

LE + DE L'EXPERT

• Un bien pris en crédit-bail ne subit pas d'amortissement. Il est loué, seule la charge relative à la location apparaît dans les comptes de l'entreprise preneuse.

• La notion d'« amortissement théorique » est uniquement utilisée pour l'analyse fiscale de la plus-value.

22 Régime spécial des produits de la propriété industrielle (BIC/IS)

Mots-clés

Plus-value de cession • Régime spécial des brevets

Le nouveau **régime spécial des brevets** est applicable, depuis 2019, aux **plus-values** ou aux moins-values **de cession** (vente des droits) ou aux produits de concession (autorisation de l'utilisation par une autre entreprise, moyennant une redevance, tout en restant propriétaire). Ce régime de faveur optionnel répond aux mêmes modalités dans le cadre des BIC et de l'IS.

Périmètre du régime spécial des brevets

Brevets visés	Concessions et cessions de brevets, sous conditions : – absence de lien de dépendance entre sociétés concessionnaire/cessionnaire et concédante/cédante – 2 ans de détention en cas de cession de brevet précédemment acquis
Produits visés	• Produits nets annuels des **concessions de brevets** : Produit net = Redevances de l'exercice – Dépenses en R&D de l'entreprise durant l'exercice • Plus-value sur **cession de brevets** : PV = Prix de cession – (Dépenses en R&D de l'entreprise durant l'exercice + Coût d'acquisition)
Calcul du produit net imposable au taux réduit	Résultat éligible au régime spécial d'imposition = (Produit net ou Plus-value) × Ratio nexus **Ratio nexus =** [**Dépenses de R&D engagées par l'entreprise pour développer l'actif** (menées par l'entreprise sur le territoire ou externalisées, quelle que soit leur localisation, à des entreprises non liées = dépenses éligibles)] / [**Dépenses de R&D totales** (menées par l'entreprise ou externalisées à des entreprises liées ou non liées sur le territoire et à l'étranger + coût d'acquisition)] **× 130 %**
Taux applicable et retraitement	Taux applicable : 10 % – Résultat positif : imposable à 10 %, donc à déduire du résultat fiscal – Résultat négatif : imputable sur le résultat de même nature des 10 exercices suivants, donc à réintégrer

▸ Exemple

La société Marie Béton est une SA relevant de l'IS dans la catégorie des BIC. Elle commercialise du béton destiné aux professionnels du bâtiment. Son exercice comptable est aligné sur l'année civile.

En N–2, Marie, la gérante, et son équipe ont développé et déposé un brevet concernant un béton coloré à prise rapide, ce qui a engendré les coûts suivants :

– 90 000 € de dépenses engagées par la SA Marie Béton ;

– 18 000 € de dépenses externalisées auprès de la SARL France Béton, une filiale de Marie Béton ;

– 27 000 € de dépenses auprès d'une entreprise marocaine concernant une étude des pigments de coloration du béton.

En N–1, la SA Marie Béton a dû compléter certaines études auprès de la SARL France Béton. Les dépenses se sont élevées à 5 000 €.

En N, la SA Marie Béton a poursuivi l'amélioration de son béton coloré en interne. 4 000 € de plus ont été engagés. Elle a également externalisé 28 000 € de dépenses auprès de France Béton.

La SA Marie concède son brevet depuis N–1, elle a perçu 7 000 € de redevance en N–1 et 20 000 € en N.

Calcul du gain éligible au régime spécial des brevets

- **N–2** : le brevet n'est pas concédé en N–2.
- **N–1** : le brevet est concédé pour 130 000 €. Ce produit peut être éligible au régime spécial de 10 %, dans la limite imposée par le ratio nexus.

Calcul du ratio nexus :

$$\frac{(90\,000 + 27\,000) \times 130\ \%}{(90\,000 + 27\,000 + 18\,000 + 5\,000)} = 1{,}08.$$

Le ratio maximal qui peut être retenu est de 1. Le ratio étant de 1, la totalité du produit des redevances de N–1 est éligible au régime spécial.

Calcul du produit net = 130 000 – (90 000 + 27 000 + 5 000 + 18 000) = – 10 000 €, montant net de perte (rattrapage des année précédentes pour la première année de la concession).

- **N** : le brevet est concédé pour 52 000 €. Ce produit peut être éligible au régime spécial de 10 % dans la limite imposée par le ratio nexus.

Calcul du ratio nexus : $\frac{(90\,000 + 27\,000 + 4\,000) \times 130\ \%}{(90\,000 + 27\,000 + 18\,000 + 5\,000 + 4\,000 + 28\,000)} = 0{,}8843$, arrondi à 0,88.

Le ratio étant de 0,88, le produit des redevances de N – soit 20 000 € (52 000 – 28 000 – 4 000), est éligible au régime spécial :

– après déduction de la perte de l'exercice N : – 10 000 € ;

– dans la limite du ratio de 0,88 ;

→ soit à hauteur de : 10 000 × 0,88, c'est-à-dire 8 800 €. L'excédent, soit 11 200 € (20 000 – 8 800), est maintenu dans le résultat fiscal. ◂

LE + DE L'EXPERT

Le régime spécial des brevets est indépendant du régime des plus-values et moins-values. Il s'agit de deux régimes distincts, c'est pourquoi le gain dégagé sur les brevets ne doit pas être intégré à la plus-value nette à long terme de l'exercice.

23 Détermination et déclaration du résultat fiscal BIC : régimes d'imposition

Mots-clés

Bénéfices industriels et commerciaux • Impôt sur le revenu • Micro-BIC • Réel normal • Réel simplifié

1 Trois régimes d'imposition (seuils applicables de 2020 à 2022)

Montant annuel HT N–1		Régime légal d'imposition
Ventes de marchandises, de denrées à emporter ou à consommer sur place et fournitures de logement[(1)]	Prestations de services (dont location de meublés classés et chambres d'hôtes)	
Supérieur à 818 000 €	Supérieur à 247 000 €	Réel normal
Compris entre 176 200 € et 818 000 €	Compris entre 72 600 € et 247 000 €	Réel simplifié
Inférieur à 176 200 €	Inférieur à 72 600 €	Micro-BIC ou auto-entrepreneur

[(1)] hors location de meublés classés et chambres d'hôtes

Les entreprises peuvent toujours opter pour un régime supérieur.

▶ **Exemple**

En N, l'entreprise Eva a réalisé les ventes suivantes :

Hypothèse 1	*Hypothèse 2*
• Ventes de matériel : 450 000 € • Prestations de service : 200 000 €	• Ventes de matériel : 450 000 € • Prestations de service : 250 000 €
Régime simplifié car : – CAHT total < 818 000 € – et CAHT des prestations de services < 247 000 €	Régime du réel normal car CAHT des prestations de services > 247 000 €

2 Régime du réel normal et régime du réel simplifié

Les deux régimes reposent sur le même principe : la détermination du résultat fiscal suivie de la déclaration du résultat au moyen du formulaire Cerfa 2031.

Le régime réel simplifié exige moins de documents annexes. Par ailleurs, les entrepreneurs individuels soumis au régime simplifié peuvent tenir une comptabilité super-simplifiée (journal des recettes encaissées et des dépenses payées doublé d'une simplification des opérations de fin d'exercice).

3 Régimes de la micro-entreprise et de l'auto-entrepreneur

A. Régime de la micro-entreprise

Le régime de la micro-entreprise est réservé aux exploitants individuels et à l'associé unique personne physique de l'EURL relevant de l'**impôt sur le revenu**. Certaines activités sont exclues d'office (ex. : marchands de biens, loueurs de matériels et de biens de consommation, opérations sur les marchés financiers).

Les obligations comptables et fiscales sont allégées : le registre des achats et le livre-journal des recettes suffisent.

Le montant des recettes est porté sur la déclaration de revenus et le bénéfice imposable est calculé sur cette base, avec application d'un abattement de :

- 71 % pour les ventes de marchandises (y compris les locations en meublé) ;
- 50 % pour les prestations de services.

B. Régime de l'auto-entrepreneur

La variante de l'auto-entrepreneur permet d'acquitter, à partir du chiffre d'affaires et au fur et à mesure de sa réalisation, sans aucune régularisation ultérieure :

- les cotisations sociales (« forfait social », aux taux de 12,8 % pour les ventes de biens et de 22 % pour les prestations de services) ;
- et, dans certains cas, l'IR et les prélèvements sociaux (« forfait fiscal », pour les revenus ne dépassant pas certains seuils).

Le regime fiscal de l'auto-entrepreneur, qui vise les BIC et BNC (↪ fiche 32), n'est applicable qu'aux revenus modestes. Le « forfait social » s'applique, lui, à tous les redevables inscrits dans ce régime.

Synthèse des régimes de la micro-entreprise et de l'auto-entrepreneur

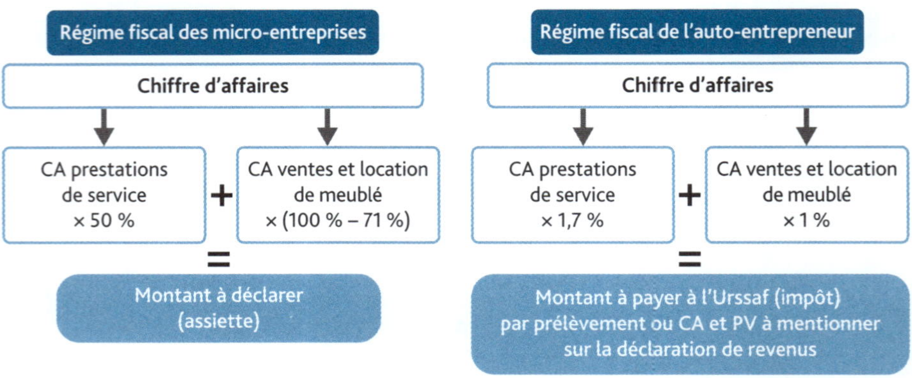

LE + DE L'EXPERT

Les régimes de la micro-entreprise et de l'auto-entrepreneur ne concernent pas les plus-values, lesquelles sont déterminées selon le mode réel mais bénéficient généralement d'exonérations réservées aux petites entreprises.

24 Organismes de gestion agréés et comptables conventionnés (BIC/BNC)

Mots-clés

BIC • Bénéfices non commerciaux • Impôt sur le revenu • Régime réel

1 Présentation des acteurs

Les organismes de gestion agréés (OGA) se composent :

- des associations de gestion agréées (AGA) pour les contribuables déclarant des **bénéfices non commerciaux** (BNC) ;
- des centres de gestion agréés (CGA) pour les contribuables déclarant des **BIC**.

L'adhésion à un OGA – ou le recours à un comptable conventionné (expert-comptable autorisé par le commissaire du gouvernement pouvant conclure une convention avec l'administration fiscale), qui remplit les mêmes fonctions – procure des avantages fiscaux.

2 Rôles de l'OGA ou du comptable conventionné

L'organisme de gestion agréé ou le comptable conventionné est chargé :

- de l'assistance aux adhérents (établissement d'un dossier de gestion, réalisation – sur demande – des déclarations fiscales, actions de formation, etc.) ;
- du contrôle des déclarations ;
- de la prévention des difficultés des adhérents.

Avantages et obligations liés à l'adhésion à un OGA ou au recours à un comptable conventionné

Avantages fiscaux	• Les adhérents ou contribuables ayant recours à un expert-comptable conventionné ne subissent pas de majoration de leur revenu professionnel imposable (BIC pour un CGA, BNC pour une AGA, *voir tableau ci-après*) • Pour les seuls adhérents d'un CGA : – les adhérents ayant opté volontairement pour un **régime réel** d'imposition, bénéficient d'une réduction d'impôt des 2/3 de leur cotisation à un CGA, dans la limite de 915 € par an – les adhérents sont dispensés de toute majoration s'ils révèlent spontanément des erreurs (sous conditions)
Obligations	• Fournir à l'OGA tous les éléments nécessaires à l'élaboration d'une comptabilité sincère • Accepter les règlements par chèque ou carte bancaire • Autoriser l'OGA à communiquer, à l'administration fiscale, les documents comptables de l'entreprise et le dossier de gestion élaboré par le centre

La majoration pour non-adhésion à un OGA est en voie de suppression.

Taux de majoration applicable en cas de non-adhésion d'un contribuable à un OGA

Année d'imposition	Taux de majoration pour non-adhésion[1]
2020	20 %
2021	15 %
2022	10 %
À partir de 2023	–

[1] La majoration ne s'applique ni aux déficits ni aux plus-values.

LE + DE L'EXPERT

Jusqu'en 2018, l'adhésion à un OGA permettait également de déduire, sans limite, la rémunération du conjoint, qui était encadrée même en l'absence d'adhésion personnelle.

25 Imposition des résultats des sociétés de personnes

Mots-clés

BIC • Impôt sur le revenu • Impôt sur les sociétés

Si la société de personnes n'a pas opté pour l'**impôt sur les sociétés** – IS (sinon son résultat est imposé à l'IS dans les mêmes conditions que les autres sociétés ↪ fiche 26), la répartition du résultat imposable entre les différents associés est opérée comme suit :

Étape 1
Calcul et déclaration du **résultat fiscal global**

Résultat comptable net
– Déductions selon règles BIC (↪ fiches 15 à 18)
+ Réintégrations selon règles BIC (↪ fiches 15 à 18)
+ Réintégrations des charges réputées éléments de revenu personnel des associés (cotisations sociales notamment)
= Résultat fiscal global

Étape 2
Calcul du **résultat fiscal « commun »**

Résultat fiscal global
– Éléments de revenus personnels : charges attribuables directement à chaque associé (rémunérations des dirigeants, charges sociales, intérêts excédentaires sur comptes courants, charges non déductibles imputables à un associé, etc.)
= Résultat fiscal « commun »

Étape 3
Calcul du **revenu imposable personnel** de chaque associé

Associé 1 / Associé 2 / Associé...

Quote-part du résultat fiscal commun
+ Éléments personnels du revenu
= BIC brut

Associé 1 / Associé 2 / Associé...

BIC brut – Cotisations sociales personnelles (fraction déductible)
= BIC net imposable
× 125 % en l'absence de CGA ou EC conventionné (↪ fiche 24)
+ Produit net du brevet imposable à 10 % × % droits de l'associé
+ PVNLT imposable à 12,8 % × % droits de l'associé
+ Revenus mobiliers × % droits de l'associé
+ Revenus fonciers × % droits de l'associé

Lorsque l'un des associés est une société soumise à l'impôt sur les sociétés, la part de résultat fiscal lui revenant doit être déterminée selon les modalités propres à l'IS (↪ fiche 26).

▶ **Exemple**

Jade, Olivier et Marianne sont associés d'une SNC. Jade et Marianne détiennent 40 % des parts sociales chacune, Olivier détient les 20 % restant et assure la gestion de l'entreprise. Le calcul du résultat fiscal provisoire de l'entreprise pour l'année N a permis de déterminer un bénéfice de 30 000 € avant retraitement des éléments suivants :

– Rémunération d'Olivier : 15 000 €
– Cotisations sociales d'Olivier : 5 000 € (dont 1 000 € ne sont pas déductibles)
– Marianne a loué une villa un week-end pour y organiser son anniversaire : 500 €
– Jade a laissé 4 000 € sur son compte courant d'associé durant l'intégralité de l'année, elle a été rémunérée à cet effet au taux de 1,71 % (taux limite déductible : 1,18 %).

1. Calcul du résultat fiscal définitif

	Déduction	Réintégration
Résultat fiscal provisoire		30 000,00
Rémunération du gérant non déductible		15 000,00
Cotisations sociales non déductibles (déduites du résultat fiscal à partager)		5 000,00
Location : charge non engagée dans l'intérêt de la société donc non déductible		500,00
Intérêts des compte courants déductibles dans la limite du TMP : 4 000 × (1,71 % – 1,18 %)		21,20
Résultat fiscal définitif		**50 521,20**

2. Calcul du résultat fiscal à partager

– Résultat fiscal :	50 521,20	
– Rémunération d'Olivier :	– 15 000,00	Éléments personnels
– Cotisations sociales d'Olivier :	– 5 000,00	Éléments personnels
– Charges engagées par Marianne dans son intérêt :	– 500,00	Éléments personnels
– Rémunération excédentaire du compte courant de Jade :	– 21,20	Éléments personnels
– Résultat fiscal à partager :	30 000,00	

	Olivier (20 %)	Marianne (40 %)	Jade (40 %)
Résultat fiscal à partager : 30 000	6 000	12 000	12 000,00
Éléments personnels :			
+ Rémunération	15 000		
+ Cotisations sociales	5 000		
+ Charges somptuaires		500	
+ Rémunération non déductible des comptes courants			21,20
BIC brut	26 000	12 500	12 021,20
– Cotisations sociales déductibles	– 4 000		
BIC net	**22 000**	**12 500**	**12 021,20**

LE ✚ DE L'EXPERT

Le résultat fiscal des sociétés unipersonnelles relevant de l'**impôt sur le revenu** est déterminé de la même manière que pour les entreprises individuelles.

26 Liquidation et paiement de l'impôt sur les sociétés (IS)

Mots-clés

Acompte • Contribution sociale • Contribution sociale de solidarité des sociétés • IS

1 Liquidation de l'IS et de la contribution sociale

En cas de bénéfice, la société doit liquider et payer l'IS (en cas de déficit ↪ fiche 27).

- Calcul de l'IS dû :

IS au taux normal : Résultat fiscal (↪ fiches 14 à 21) × Taux d'IS
+ IS sur les opérations bénéficiant du régime spécial des brevets (↪ fiche 22) : gain éligible × 10 %
= **IS brut**
– Crédits d'impôt (CI) ou réductions d'IS :
- CI non reportables : [1 – taux d'IS] × crédits d'impôt sur dividendes sociétés étrangères hors régime mère-filles
- CI non reportables mais restituables : CI formation, CI famille (↪ fiche 28)
- CI reportables : CIR, report en arrière des déficits, etc.

= **IS dû** (ou excédent)

- Calcul de la contribution sociale (CS) due (hors PME(1)) :

CS = 3,3 % × (IS brut – 763 000 €)

Le taux normal d'IS en vigueur jusqu'en 2022 varie par tranches en raison de la baisse progressive du taux d'IS :

	CA < 7,63 M€ et bénéficiant du régime des PME(1)	7,63 M€ < CA < 250 M€(2)	CA ≥ 250 M€
2020	15 % jusqu'à 38 120 € de bénéfice, 28 % au-delà	28 %	28 % jusqu'à 500 000 € de bénéfice, 31 % au-delà
	CA < 10 M€ et bénéficiant du régime des PME(1)	**10 M€ < CA < 250 M€(2)**	**CA ≥ 250 M€**
2021	15 % jusqu'à 38 120 € de bénéfice, 26,5 % au-delà	26,5 %	27,5 %
2022	15 % jusqu'à 38 120 € de bénéfice, 25 % au-delà	25 %	25 %

(1) Critères cumulatifs pour la définition des PME à ce titre : CA < 10 M€ (7,63 M€ jusqu'en 2020) et capital entièrement libéré et détenu à au moins 75 % par des personnes physiques (ou par une ou plusieurs sociétés remplissant ces deux conditions).
(2) Ou ne remplissant pas les autres critères du régime des PME.

2 Paiement : quatre acomptes et un solde

Calendrier de paiement

	Impôt sur les sociétés (IS)	Contribution sociale (CS)
	[RF N–1 inconnu ⇒ référence RF N–2]	
15/03/N **1er acompte N**	**ACOMPTE IS 1 =** (Bénéfice N–2 × taux IS N) / 4 + (Produits sur brevets bénéficiant du régime spécial N–2 × 10 %) / 4	**ACOMPTE CS 1** = [(Acompte IS 1 × 4 – 763 000) × 3,3 %] / 4
	[RF N–1 connu ⇒ régularisation Acompte 1]	
15/06/N **2e acompte**	**ACOMPTE IS 2 =** (Bénéfice N–1 × taux IS N) / 4 + (Produits sur brevets bénéficiant du régime spécial N–1 × 10 %) / 4 ± Régularisation acompte 1 : (Acompte IS 1 – Acompte IS 2)	**ACOMPTE CS 2 =** [(Acompte IS 2 × 4) – 763 000) × 3,3 %] / 4 ± (Acompte CS 1 – Acompte CS 2)
15/09/N **3e acompte** **15/12/N** **4e acompte**	**ACOMPTES IS 3 et 4 (identiques) =** (Bénéfice N–1 × taux d'IS N) / 4 + (Produits sur brevets bénéficiant du régime spécial N–1 × 10 %) / 4	**ACOMPTES CS 3 et 4** = [(Acompte IS 2 × 4) – 763 000) × 3,3 %] / 4
15/05/N+1 **Solde IS**	**SOLDE IS N =** (Bénéfice N × taux d'IS N) + (Produits sur brevets bénéficiant du régime spécial N × 10 %) – Total des acomptes versés en N	**SOLDE CS N =** (IS N – 763 000) × 3,3 % – Total des acomptes versés en N

- Des règles particulières de calcul du dernier **acompte** s'appliquent pour les très grandes entreprises (CA > 250 M€) dont l'IS estimé est en augmentation.
- Les sociétés peuvent, dans certains cas, moduler ou limiter leurs acomptes.
- Les sociétés soumises à l'IS doivent aussi acquitter une **contribution sociale de solidarité des sociétés** (C3S), égale à 0,16 % ou 0,2 % du chiffre d'affaires diminué d'un abattement de 19 millions d'euros. Elle ne doit pas être confondue avec la contribution sociale sur les bénéfices.

▸ Exemple

Les données suivantes concernent la société Polo, soumise à l'IS. On suppose, dans un souci de simplification, que les taux d'IS applicables s'établissent, de 2019 à 2021, à 27,5 %.

	Bénéfices imposables au taux normal d'IS	Résultats nets sur concessions de brevets éligibles au taux réduit	Chiffre d'affaires
2019	20 000 000	14 000	251 500 000
2020	25 000 000	17 000	251 000 000
2021	27 000 000	18 000	252 000 000

Les chiffres d'affaires dépassant le seuil de 250 millions d'euros, la société est soumise au taux d'IS de 27,5 % sur la totalité de son bénéfice.

15/03/2021 : 1er acompte 2021 (base 2019 car 2020 non encore connu)

• IS : [(20 000 000 × 27,5 %) + (14 000 × 10 %)] / 4 = 1 375 350 €

• CS : Base = [(20 000 000 × 27,5 %) + (14 000 × 10 %)] – 763 000 = 4 738 400 €

Acompte = (Base × 3,3 %) / 4 = 39 092 €

15/05/2021 : solde IS et contribution sociale 2020

• IS

Acomptes d'IS versés en 2020 : (20 000 000 × 27,5 %) + (14 000 × 10 %) = 5 501 400 €

IS dû au titre de 2020 : (25 000 000 × 27,5 %) + (17 000 × 10 %) = 6 876 700 €

Régularisation d'IS : 6 876 700 – 5 501 400 = 1 375 300 € à payer

• CS

Acomptes de CS versés en 2020 : (5 501 400 – 763 000) × 3,3 % = 156 367 €

CS dues au titre de 2020 : (6 876 700 – 763 000) × 3,3 % = 201 752 €

Régularisation de CS : 201 752 – 156 367 = 45 385 € à payer

15/06/2021 : 2e acompte 2021 (base 2020 car 2020 connu)

• IS

IS : [(25 000 000 × 27,5 %) + 17 000 × 10 %] / 4 = 1 719 175 €

Régularisation 1er acompte d'IS : 1 719 175 – 1 375 350 = 343 825 €

Acompte d'IS à verser : 343 825 + 1 719 175 = 2 063 000 €

• CS

Base d'imposition de CS : (25 000 000 × 27,5 % + 17 000 × 10 %) – 763 000 = 6 113 700 €

Acompte de CS : (6 113 700 × 3,3 %) / 4 = 50 438 €

Régularisation du 1er acompte de CS : 50 438 – 39 092 = 11 346 €

Acompte de CS à verser : 50 438 + 11 346 = 61 784 €

15/09/2021 : 3e acompte 2021

IS : [(25 000 000 × 27,5 %) + 17 000 × 10 %] / 4 = 1 719 175 €

Base d'imposition de CS : (25 000 000 × 27,5 % + 17 000 × 10 %) – 763 000 = 6 113 700 €

Acompte de CS : (6 113 700 × 3,3 %) / 4 = 50 438 €

15/12/2021 : 4e acompte 2021

IS : [(25 000 000 × 27,5 %) + 17 000 × 10 %] / 4 = 1 719 175 €

Base d'imposition de CS : (25 000 000 × 27,5 % + 17 000 × 10 %) – 763 000 = 6 113 700 €

Acompte de CS : (6 113 700 × 3,3 %) / 4 = 50 438 €

15/05/2022 : Liquidation IS 2021

• IS

IS dû au titre de l'exercice = 27 000 000 × 27,5 % + 18 000 × 10 % = 7 426 800 €
Acomptes d'IS versés : 1 719 175 × 4 = 6 876 700 €
Solde d'IS à payer : 7 426 800 – 6 876 700 = 550 100 €

• CS

Base d'imposition de CS = 7 426 800 – 763 000 = 6 663 800 €
CS dues au titre de l'exercice : 6 663 800 × 3,3 % = 219 905 €
Acomptes de CS versés : 50 438 × 4 = 201 752 €
Solde de CS à payer : 219 905 – 201 752 = 18 153 € ◂

LE + DE L'EXPERT

Les troisième et quatrième acomptes sont identiques ; ils sont également similaires au premier acompte versé au titre de l'année suivante.

27 Gestion des déficits (IS)

Mots-clés

Déficit • Impôt sur les sociétés • Report en arrière • Report en avant

En cas de **déficit**[1], la société n'a pas d'IS à acquitter. Elle peut reporter son déficit « en avant » et, sous certaines conditions et restrictions, « en arrière ».

Règles de report des déficits – BIC

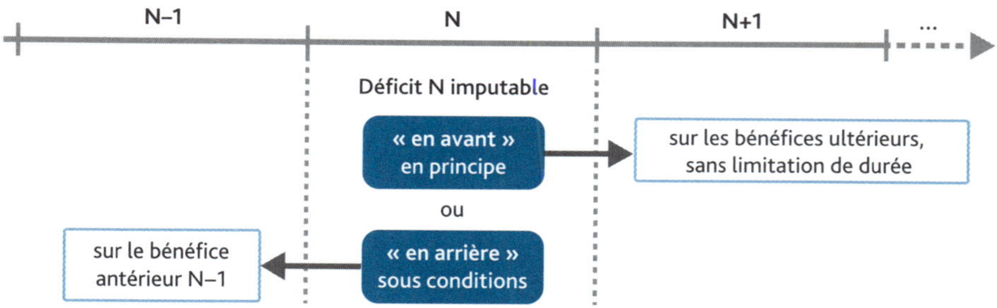

(1) Les règles afférentes aux déficits BIC sont décrites dans la **fiche 40**.

1 Report en avant

En principe, le déficit d'une année est reporté sur les exercices suivants sans limitation de durée (« **report en avant** »), mais l'imputation ultérieure est limitée, pour les grandes entreprises uniquement, au plafond suivant :

1 M€ + 50 % × (Bénéfice imposable > 1 M€)

Le surplus de déficit non imputé peut l'être lors des exercices suivants, dans les mêmes limites. Les déficits ne sont jamais perdus mais étalés sur une période plus longue.

2 Report en arrière

Les sociétés peuvent imputer un déficit N sur le bénéfice réalisé en N–1 (« **report en arrière** ») dans les conditions suivantes :

Bénéfice susceptible de faire l'objet d'un report en arrière	Bénéfice N–1, déduction faite : • De la fraction des bénéfices distribués • Des plus-values à long terme imposées à taux réduit • Des bénéfices dont l'imposition a été payée à l'aide de crédits d'impôt (prise en compte limitée à la fraction du bénéfice non distribuée) • Des bénéfices ayant fait l'objet d'une exonération totale ou partielle (jeunes entreprises innovantes, pôles de compétitivité, zones franches, etc.)

Calcul de la créance	• Le report est limité au bénéfice de l'exercice précédent, dans la limite de 1 M€ • La créance est calculée au taux d'IS applicable à l'exercice de réalisation du bénéfice (taux d'origine) • Lorsqu'un déficit se reporte sur un résultat ayant bénéficié du taux réduit des PME et du taux normal, l'imputation est réalisée en priorité sur le bénéfice taxé au taux normal
Utilisation de la créance(1)	• La créance ainsi calculée peut être utilisée par la société pour tout paiement de l'IS (mais pas de la contribution) • Elle est aussi mobilisable auprès d'établissements de crédit, puis remboursable au bout de 5 ans si elle n'est pas utilisée(2)

(1) Cette créance doit être comptabilisée en produit (non imposable, elle est donc à déduire).
(2) Ou avant le délai de 5 ans dans le cadre de mesures exceptionnelles ponctuelles (ex. : crise de la Covid), ainsi que pour les entreprises en difficulté (sauvegarde, redressement judiciaire, liquidation, conciliation).

▶ Exemple

La SA Bond (clôture au 31 décembre et chiffre d'affaires supérieur à 10 000 000 €) a réalisé au cours des exercices N–1 et N les bénéfice suivants :

	Bénéfice	Taux d'IS	Dividendes distribués en mai (sur bénéfice de l'année précédente)	Crédits d'impôt issus de revenus mobiliers
N–1	250 000	28,0 %		18 000
N	– 340 000	26,5 %	50 000	15 000

- Bénéfice fiscal dont l'impôt a été payé au moyen de crédit d'impôt : 18 000 / 28 % = 64 286 €
- Bénéfice fiscal non distribué dont l'impôt a été payé au moyen de crédit d'impôt :
- Bénéfice fiscal dont l'impôt a été payé au moyen de crédit d'impôt × pourcentage des bénéfices non distribués : 64 286 × 200 000 / 250 000 = 51 429 €
- Bénéfice ouvrant droit à l'imputation d'un report en arrière :

⇒ Bénéfice soumis à l'IS – Distribution – Bénéfice fiscal non distribué dont l'impôt a été payé au moyen de crédit d'impôt : 250 000 – 50 000 – 51 429 = **148 571 €** (plafond d'imputation de la perte N sur le bénéfice N–1)

⇒ Créance d'IS à imputer sur de futurs paiements (calcul au taux d'IS de N–1) = 148 571 × 28 % = 41 600 €

Le reste (340 000 – 148 571 = 191 429 €) peut faire l'objet d'un report en avant, sur les bénéfices à venir. ◀

LE ✚ DE L'EXPERT

Vous devez être capable de proposer la solution la plus adaptée à un cas spécifique en matière de report des déficits, y compris en régime BIC (↪ fiche 40). Le contribuable doit-il conserver son déficit afin de le reporter en avant, au risque de ne pas réaliser de bénéfices dans les années futures, ou doit-il reporter son déficit en arrière ?

28 Aides aux entreprises (BIC/IS)

Mots-clés

Crédit d'impôt • Pôle de compétitivité • Réduction d'impôt • Zone franche

Sous certaines conditions, les entreprises peuvent, quel que soit leur régime d'imposition, bénéficier d'allégements fiscaux ou crédits d'impôt.

1 Allégements fiscaux

Des exonérations ou **réductions d'impôt** visent à favoriser la création d'entreprises ou d'emplois. Les entreprises nouvelles et/ou créées dans certaines zones du territoire et/ou innovantes peuvent bénéficier d'une exonération totale puis partielle de l'imposition de leurs bénéfices.

Pour tous ces dispositifs, le montant maximal de bénéfice exonéré par période de 36 mois est fixé à 200 000 € (« minimis » européens).

A. Entreprises nouvelles

Entreprises concernées	• Entreprises nouvelles créées avant le 31/12/2022 dans des zones définies par décret (ZRU, ZRR, ZAT, etc.) • Et qui relèvent du bénéfice réel, de plein droit ou sur option, et exercent une activité industrielle, commerciale ou artisanale ou une activité non commerciale dans le cas de sociétés soumises à l'IS employant moins de 3 salariés • Et dont, s'il s'agit de sociétés soumises à l'IS, le capital n'est pas détenu à plus de 50 % par d'autres sociétés
Durée et montant de l'exonération	Avantages dégressifs : diminution de la base imposable (IR ou IS) de 100 % pour les 24 premiers mois, 75 % puis 50 % puis 25 % pour les 3 périodes de 12 mois suivantes

B. Entreprises installées dans des zones franches ou privilégiées

	Zone de revitalisation rurale (ZRR)	Zone franche urbaine (ZFU)
Entreprises concernées	• Entreprises créées ou reprises dans une ZRR entre 2011 et 2022 • Nouvelles ou reprises (notamment dans le cadre familial) soumises à un régime réel d'imposition, de plein droit sur option, avec moins de 50 % de leur capital détenu par d'autres sociétés	• Entreprises créées ou reprises dans une ZFU entre 2006 et 2022 • Soumises à un régime réel d'imposition, de plein droit sur option • Employant au plus 50 salariés, avec un chiffre d'affaires inférieur à 10 M€ ou un total de bilan inférieur à 10 millions d'euros, dont un capital détenu à moins de 25 % par une entreprise de plus de 250 salariés

	Zone de revitalisation rurale (ZRR)	Zone franche urbaine (ZFU)
	• Exerçant une activité industrielle, commerciale, artisanale ou une activité professionnelle non commerciale • Employant moins de 11 salariés	• Exerçant une activité industrielle, commerciale ou artisanale, ou professionnelle non commerciale ou location locaux professionnels équipés • Employant au moins 50% de salariés résidant dans la ZFU ou un quartier prioritaire de la ville
Durée et montant de l'exonération	Exonération des bénéfices (et plus-values) réalisés pendant 8 ans : totale les 5 premières années, puis dégressive les 3 suivantes	
	–	Bénéfice exonéré plafonné à 50 000 € par période de 12 mois, majoré de 5 000 € pour chaque nouveau salarié embauché à temps plein pendant une période minimale de 6 mois

C. Jeunes entreprises innovantes (JEI) et jeunes entreprises universitaires (JEU)

Entreprises concernées	• PME au sens communautaire : moins de 250 salariés et chiffre d'affaires inférieur à 50 M€ ou un total de bilan inférieur à 43 M€ • Créées depuis moins de 8 ans et jusqu'au 31 décembre 2022 • Dont le capital est détenu de manière continue à 50 % au moins par des personnes physiques • Qui ont réalisé des dépenses de recherche représentant au moins 15 % des charges sociales totales
Durée et montant de l'exonération	• Exonération totale d'impôt sur les bénéfices (bénéfices et plus-values) au titre du 1er exercice bénéficiaire • Puis exonération de 50 % au titre de l'exercice bénéficiaire suivant (pas forcément le suivant)

D. Entreprises liées à des pôles de compétitivité

Les **pôles de compétitivité** regroupent, sur un territoire donné, des entreprises, des établissements d'enseignement supérieur et des organismes de recherche publics ou privés.

Les entreprises participant aux projets d'un pôle de ce type peuvent obtenir une exonération totale des bénéfices de 36 mois et un abattement de 50 % pendant 24 mois.

2 Crédits d'impôt

Pour favoriser certains types de dépenses, l'État accorde dans certains cas des **crédits d'impôt** qui s'imputent sur l'impôt dû (IS ou IR) ou donnent lieu à un remboursement lorsqu'ils excèdent l'impôt à payer. Ils sont divers et peuvent correspondre à des mesures conjoncturelles. Seuls les crédits d'impôt les plus importants sont évoqués ici.

A. Crédit d'impôt Recherche (CIR)

Principe

Pour être éligible au crédit d'impôt Recherche, l'entreprise doit mener un projet devant faire progresser les connaissances scientifiques et techniques.

C'est un dispositif optionnel réservé aux entreprises (individuelles ou sociétés) imposées selon un bénéfice réel (sauf activité libérale) de plein droit ou sur option et aux entreprises exonérées d'IR ou d'IS (JEI, activités dans les ZFU, etc.).

Base

Les dépenses ouvrant droit au crédit d'impôt Recherche sont les dépenses relatives aux activités de recherche fondamentale ou appliquée ou de développement expérimental. Les dépenses concernées sont :

- Les dépenses de recherche :
  - dotations aux amortissements des immobilisations nécessaires (y compris les brevets) ;
  - dépenses de personnel ;
  - dépenses externalisées (avec plafond et sous conditions) ;
  - frais divers (selon liste et plafonds) ;
- Les dépenses d'innovation des PME (on parle de « crédit d'impôt Innovation – CII »), avec plafond et sous conditions.

Montant

Le crédit d'impôt, calculé par année civile, est égal à :

30 % × Dépenses de recherche jusqu'à 100 M€ + 5 % × Dépenses au-delà de 100 M€	} **CIR**
+ 20 % × Dépenses d'innovation (pour les PME, dans la limite de 400 000 €)	} **CII**

Le crédit d'impôt n'est pas plafonné.

Utilisation

Le crédit d'impôt est imputé sur l'IR ou l'IS dû au titre de l'année au cours de laquelle les dépenses ont été exposées. L'excédent éventuel est imputé sur l'impôt des 3 années suivantes puis, au-delà, est reversé à l'entreprise.

Dans les sociétés de personnes, le crédit d'impôt est déduit de l'impôt sur le revenu des associés exerçant leur activité professionnelle en leur sein, au prorata de leurs droits.

▸ Exemple

Une entreprise engage 150 M€ de dépenses de recherche. Impôt brut : 50 M€.
Crédit = 30 % × 100 + 5 % × 50 = 32,5 M€
Impôt net = 50 – 32,5 = 17,5 M€ ◂

B. Crédit d'impôt Famille (CIF)

Les entreprises relevant de l'IR ou de l'IS, selon leur bénéfice réel, peuvent bénéficier d'un crédit d'impôt pour les dépenses qu'elles engagent, permettant aux salariés ayant des enfants à charge de concilier vie professionnelle et vie familiale.

Ouvrent droit au CIF les dépenses engagées pour :

- financer et faire fonctionner des crèches ou des haltes garderies pour enfant de moins de 3 ans (crédit d'impôt de 50 %) ;
- rémunérer les congés maternité, paternité ou parental ;
- indemniser certains frais exceptionnels de garde d'enfant (10 % pour ces autres dépenses).

Le crédit, plafonné à 500 000 €, est imputé sur l'IR ou l'IS de l'année. L'excédent est remboursé.

C. Crédit d'impôt pour la formation du chef d'entreprise

Les entreprises imposées d'après leur bénéfice réel bénéficient d'un crédit d'impôt égal au produit du taux horaire du salaire minimum de croissance par le nombre d'heures passés en formation par le chef d'entreprise (entrepreneur individuel, gérant, PCA, DG). Ce crédit est plafonné à 40 heures de formation par année civile.

LE + DE L'EXPERT

Ces aides fiscales d'adressent aux entreprises et sociétés relevant aussi bien de l'impôt sur le revenu que de l'impôt sur les sociétés.
Le CIR est le plus courant et doit savoir être calculé lors de l'examen.

29 Principes généraux de l'IR

Mots-clés

Contribuable • Domicile fiscal • Impôt sur le revenu • Personne à charge • Revenu catégoriel

Code des impôts (CGI), art. 1A

■ Il est établi un impôt annuel unique sur le revenu des personnes physiques désigné sous le nom d'impôt sur le revenu. Cet impôt frappe le revenu net du contribuable déterminé conformément aux dispositions des articles 156 à 168.

1 Caractéristiques principales de l'IR

L'**impôt sur le revenu** est un impôt :
- d'État, direct ou indirect selon l'application ou non du prélèvement à la source ;
- annuel ;
- appliqué par foyer fiscal ;
- appliqué sur le revenu net global du foyer.

2 Territorialité

L'IR est calculé sur :
- tous les revenus des personnes ayant leur **domicile fiscal** en France (France continentale, Corse et DROM) ;
- les revenus de source française des personnes dont le domicile fiscal est hors de France.

La domiciliation fiscale se détermine selon différents critères.

Critères d'ordre personnel (critères dominants)	• Avoir son foyer sur le territoire français (résidence habituelle et permanente) • Avoir en France son lieu de séjour principal (plus de 183 jours par an)
Critères d'ordre professionnel	Exercer en France son activité professionnelle, salariée ou non (sauf s'il s'agit d'une activité accessoire)
Critères d'ordre économique	Avoir en France le centre de ses intérêts économiques (siège des affaires ou des principaux investissements ou de l'administration des biens)

3 Composition du foyer fiscal

De plein droit		Sur option		
Membres d'un mariage ou d'un PACS	Enfant mineur ou personne infirme	Enfant jusqu'à 21 ans ou 25, s'il est étudiant	Enfant chargé de famille et sa famille jusqu'à 21 ans (25, s'il est étudiant)	Personne invalide hébergée dans le foyer

La situation est appréciée au 1er janvier de l'année d'imposition. Les **personnes à charge** peuvent demander une imposition séparée.

4 Catégories de revenus

Le revenu brut global est composé de plusieurs **revenus catégoriels**.

Traitements et salaires (TS) ↳ fiche 31	Bénéfices agricoles (BA) ↳ fiche 33	Bénéfices industriels et commerciaux (BIC)	Revenus de capitaux mobiliers (RCM) ↳ fiche 35
Revenus fonciers (RF) ↳ fiche 34	Plus-values des particuliers ↳ fiches 37 à 39	Bénéfices non commerciaux (BNC) ↳ fiche 32	

↓

Revenu brut global du contribuable

5 Déclaration annuelle de revenus

- Une déclaration annuelle de l'ensemble des revenus doit être souscrite chaque année par chaque foyer fiscal, accompagnée dans certains cas de déclarations annexes.
- La télédéclaration s'impose pour tous les **contribuables** (sauf déclaration tacite dans certains cas).
- Le calcul de l'impôt est réalisé par les services fiscaux et le contribuable reçoit un avis d'imposition.

▶ **Exemple**

La famille Laffitte est composée de Mme et M. Laffitte et de leurs deux enfants, Jonathan et Yaël. Elle a réalisé diverses opérations N, qui les rendent redevables de l'IR au titre de différentes catégories de revenus.

– M. Laffitte est ouvrier dans une usine de fabrication de portes de sécurité ⇒ traitements et salairess

– M. Laffitte vient, en parallèle de son travail, de se lancer dans une activité de conseil auprès d'entreprises industrielles ⇒ activité non commerciale relevant de la catégorie des BNC

– Mme Laffitte détient une exploitation agricole. Elle produit des fruits et légumes biologiques qu'elle vend à une coopérative agricole ⇒ bénéfices agricoles

– Mme Laffite vend, sur internet, diverses préparations confectionnées à partir de sa production agricole ⇒ bénéfices industriels et commerciaux (↳ **fiche 33**)

– Jonathan est étudiant en finance. Pour payer ses études, il a investi ses économies dans des actions de Sicav ⇒ revenus des capitaux mobiliers

– Yaëlle est étudiante en droit. Pour payer ses études, elle a mis en location une maison vide que sa grand-mère lui a léguée ⇒ revenus fonciers

– M. et Mme Laffitte ont vendu leur maison de vacances ⇒ plus-value de particuliers ◀

LE + DE L'EXPERT

Les conventions internationales visant à éviter une double imposition et à permettre un échange d'informations entre États sont supérieures aux lois françaises.

30 Principes généraux des prélèvements sociaux

Mots-clés

CRDS • CSG • Prélèvement de solidarité • Revenu catégoriel

La plupart des revenus sont soumis à des contributions et prélèvements qui s'ajoutent à l'imposition sur le revenu (↪ fiche 29). Les principes généraux sont présentés ici, les modalités particulières d'application sont développées dans les fiches consacrées aux **revenus catégoriels** (↪ fiches 31 à 39).

1 Principe

Les prélèvements sociaux regroupent trois types d'impôts : la **CSG**, la **CRDS** et le **prélèvement de solidarité**.

Types de prélèvement sociaux

Contribution sociale généralisée (CSG)	S'appliquent sur l'ensemble des revenus (salariaux ou non, revenus de placement et du patrimoine)
Contribution au remboursement de la dette sociale (CRDS)	
Prélèvement de solidarité (PS) et contributions additionnelles	N'affectent que les revenus du capital (revenus de placements et du patrimoine)

Le champ d'application est très large. Seuls les revenus suivants échappent aux prélèvements sociaux :

- intérêts du livret d'épargne, du livret jeune, du livret d'épargne populaire (LEP), du livret de développement durable et solidaire (LDDS), du livret d'épargne d'entreprise ;
- certains lots et primes de remboursement d'obligations ;
- les produits capitalisés dans le cadre d'un plan d'épargne retraite populaire (PERP).

2 Assiette

L'assiette des prélèvements sociaux est généralement la même que la base imposable à l'IR, sous réserve de quelques particularités concernant certaines catégories de revenus (↪ fiches 31 à 39).

3 Recouvrement

La perception des prélèvements sociaux est, le plus fréquemment possible, opérée par voie de retenue à la source. Les modalités diffèrent selon la nature des revenus (↪ fiches 31 à 39).

4 Taux

Les taux applicables diffèrent selon les cotisations et les revenus concernés (↪ fiches 31 à 39).

	Revenus d'activité (salaires et revenus non salariaux) (↪ fiches 31 à 33 et 36)		Revenus du capital (↪ fiches 34 et 37 à 39)
	Salaires et revenus non salariaux	Revenus de remplacement	
CSG	9,2 %	• pensions de retraite et d'invalidité : 8,3 % • allocations de chômage, indemnités : 6,2 % (taux ramené à 3,8 % ou 4,2 % sous conditions de ressources)	9,2 %
CRDS	0,5 %	0,5 %	0,5 %
Prélèvement de solidarité (PS)	–	–	7,5 %
Total	**9,7 %**	**Variable** (entre 4,3 % et 8,8 %)	**17,2 %**

▶ Exemples

– Plus-value long terme réalisée par un entrepreneur individuel relevant des BIC : 17,2 %
– Salaires perçus par un employé de bureau (TS) : 9,7 %
– Bénéfice fiscal d'un expert-comptable (BNC) : 9,7 %
– Intérêts des obligations perçus par un particulier (RCM) : 17,2 %
– Loyers sur un immeuble, perçus par un particulier (RF) : 17,2 %
– Pensions de retraite (TS) : 8,3 % ◀

5 Déductibilité

Seule une fraction de la CSG (6,8 %) est, dans certains cas, déductible des revenus imposables à l'IR. Les règles applicables dépendent de la nature des revenus (↪ fiches 31 à 39).

LE + DE L'EXPERT

• Seuls les deux niveaux de taux global (9,7 % *vs* 17,2 %) et leur périmètre respectif sont à maîtriser dans le cadre de l'examen.

• Vous devez également connaître les modes de prélèvement relatifs à chaque revenu et être capable de calculer les prélèvements sociaux à l'aide d'une documentation fiscale.

31 Traitements et salaires (TS)

Mots-clés

CRDS • CSG • Frais professionnels • Impôt sur le revenu • Traitements et salaires

Définition

Les **traitements et salaires** (TS) incluent les rémunérations répondant à la définition des salaires et assimilés (fonctionnaires), des rentes et des indemnités.

La plupart des salaires et assimilés sont soumis à l'IR. Cependant, il existe une liste limitative de revenus exonérés d'**impôt sur le revenu** :
- les heures supplémentaires (sauf dirigeants), dans la limite annuelle de 5 000 € ;
- certaines prestations familiales et prestations sociales relatives aux accidents du travail et aux maladies professionnelles ;
- certaines indemnités de sécurité sociale ;
- les salaires des apprentis dans la limite du SMIC annuel (18 473 € pour 2020 et 18 655 € pour 2021), l'excédent éventuel étant imposable ;
- certains salaires versés aux lycéens et étudiants : indemnités de stages étudiants et salaires perçus par les jeunes de moins de 26 ans, dans la limite de 3 fois le montant du SMIC mensuel (4 618 € pour 2020 et 4 664 € pour 2021) ;
- les allocations pour frais d'emploi ;
- la participation, l'intéressement, l'abondement au plan d'épargne entreprise ;
- certaines indemnités de fin d'emploi (retraite, licenciement, etc.) ;
- certaines primes exceptionnelles conjoncturelles (ex. : prime exceptionnelle de pouvoir d'achat, primes « Covid » accordées aux personnels de santé), sous conditions et limites.

Ces sommes exonérées d'IR sont néanmoins soumises aux prélèvements sociaux, sauf rares exceptions (certaines allocations, bourses, aides sociales, prestations familiales ↪ fiche 30).

Les revenus soumis à l'IR dans cette catégorie sont, pour l'essentiel, de trois natures différentes : traitements et salaires, pension et rentes, revenus des gérants et associés.

1 Traitements et salaires

A. Imposition aux prélèvements sociaux

CSG et **CRDS** sont :
- calculées sur le salaire brut après réduction forfaitaire de 1,75 % pour frais professionnels (donc sur 98,25 % du salaire brut) en ce qui concerne les salaires et les allocations de chômage (mais sur le montant total pour les autres éléments) ;
- retenues à la source par les employeurs et établissements payeurs puis reversées à l'Urssaf ;
- partiellement déductibles des montants imposables à l'IR.

Déductibilité des prélèvements sociaux sur les TS

	Fraction déductible	Fraction non déductible	Total
CSG	6,8	2,4	9,2
CRDS	0	0,5	0,5

La fraction non déductible de la CSG (2,4 %) et la totalité de la CRDS doivent être ajoutées au salaire net perçu pour obtenir le salaire net imposable (le détail apparaît sur le bulletin de salaire des contribuables).

▸ Exemple

Salaire brut : 2 500 €. Cotisations sociales obligatoires : 20 % (dont CSG et CRDS).
Présentation du bulletin de salaire :

• Salaire brut :	2 500,00
• Cotisations sociales : 2 500 × 20 % dont :	– 500,00
CSG déductible : 2 500 × 98,25 % × 6,8 % = 167,03	
CSG non déductible et CRDS : 2 500 × 98,25 % × (2,4 % + 0,5 %) = 71,23	
• Salaire net perçu :	2 000,00
+ CSG + CRDS non déductible : 2 500 × 98,25 % × (2,4 % + 0,5 %)	71,23
= Salaire imposable :	2 071,23 €

Remarque : le contribuable va donc payer l'IR sur une base de 2 071,23 €, alors qu'il n'a perçu comme salaire net que 2 000 €. ◂

B. Montant imposable à l'IR

À partir de ce montant déclaré, l'Administration fiscale permet la déduction de **frais professionnels**, soit forfaitaires (10 %), soit au réel sur option.

Du montant déclaré à la rémunération imposable

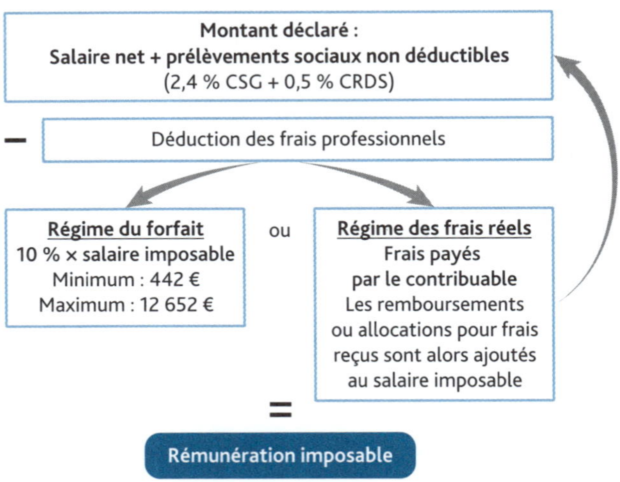

▶ **Exemple**

Le foyer de la famille Bachot regroupe les revenus salariés et assimilés suivants :

– M. Bachot : 27 000 € et des remboursements de frais de déplacement et mission pour 1 200 €.

– Mme Bachot : salaires imposables de 70 400 € et des remboursements de frais pour 11 600 €. Frais réels pour 16 400 €.

– Maya, étudiante de 23 ans : 2 400 € (travail saisonnier de deux mois). Elle est rattachée au foyer fiscal de ses parents.

• **M. Bachot** :

Salaire imposable :	27 000 €
Frais forfaitaires plus avantageux :	2 700 €
Net imposable :	24 300 €

• **Mme Bachot** :

Solution 1 : frais forfaitaires		Solution 2 : frais réels	
Salaire imposable	70 400	Salaire imposable (salaire + remboursements de frais) : 70 400 + 11 600	82 000
Frais forfaitaires (10 %)	7 040	Frais réels	16 400
Net imposable	63 360	Net imposable	65 600

La première solution est plus favorable.

• **Maya Bachot** : salaires inférieurs à 3 fois le SMIC donc non imposables. ◀

2 Pensions et rentes viagères

A. Imposition aux prélèvements sociaux

Les pensions et rentes viagères sont généralement soumises à la CSG et la CRDS à des taux variant selon leur nature.

	Taux de CSG	*(dont déductible)*	Taux de CRDS (non déductible)
Retraite	8,3 %	*(5,9 %)*	0,5 %
Pension d'invalidité			
Indemnités de chômage	6,2 %	*(3,8 %)*	
Indemnités de sécurité sociale			

Certaines pensions et rentes sont cependant exonérées.

Exonération de la CSG et de la CRDS	Exonération de la CSG seulement
• Revenu de solidarité active (RSA) • Pensions et allocations perçues par des personnes non soumises à l'impôt sur le revenu • Allocations adulte handicapé, allocations de veuvage, etc.	• Allocation logement • Prestations familiales

B. Montant imposable à l'IR

Les pensions et rentes viagères à titre gratuit (anciens combattants) sont réduites par un abattement de 10 % avec un minimum de 394 € par pensionné et un maximum de 3 858 € pour l'ensemble du foyer (pour les revenus 2020).

Les rentes viagères à titre onéreux ne sont imposables que pour partie. Une réduction de 30 % à 70 % est appliquée à leur montant en fonction de l'âge du crédirentier.

3 Cas des rémunérations des gérants et des associés

Les rémunérations des gérants et associés non salariés sont imposables dans différentes catégories de revenus selon les situations (➥ fiche 36). L'imposition dans la catégorie des traitements et salaires concerne principalement les gérants minoritaires de SARL et les gérants et associés visés par l'article 62 du CGI, c'est-à-dire :
- les gérants majoritaires des SARL soumises à l'IS et des sociétés en commandite par actions ;
- les associés en nom des sociétés de personnes (SNC, etc.) ayant opté pour l'IS ;
- les associés d'EURL ayant opté pour l'IS.

LE + DE L'EXPERT

Vous devez disposer d'une vision transversale de l'imposition afin de déterminer le traitement fiscal de certains revenus (salaires des associés et entrepreneurs individuels relevant de l'impôt sur le revenu, salaires perçus par les associés des sociétés relevant de l'impôt sur les sociétés, etc.).

32 Bénéfices non commerciaux (BNC)

Mots-clés

BNC non professionnels • BNC professionnels • CRDS • CSG • Déficit • Micro-BNC

Les bénéfices non commerciaux (BNC) correspondent à des activités diverses.

1 Deux catégories de BNC

Il existe deux catégories de bénéfices non commerciaux : les **BNC professionnels** et les **BNC non professionnels**.

Périmètre des BNC professionnels et non professionnels

BNC professionnels	• Activités libérales (médecin, avocat, conseils, architecte, expert-comptable, etc.) • Titulaires de charges ou offices (notaires, greffiers, huissiers, etc.)
BNC non professionnels	• Activités lucratives diverses (mannequins, sportifs, prêtres, artistes, inventeurs, etc.) • Profits occasionnels

2 Deux régimes d'imposition à l'IR

En matière de BNC, deux régimes s'appliquent en fonction de l'importance de l'activité.

Régime applicable selon le chiffre d'affaires

	Régime applicable
CA supérieur à 72 600 € (ou si option pour la TVA)	Réel de la déclaration contrôlée
CA inférieur à 72 600 €	Micro-BNC

A. Régime de la déclaration contrôlée

Champ d'application

Le régime de la déclaration contrôlée est obligatoire lorsque :
- les recettes sont supérieures à 72 600 € HT en N–1 ou N–2 ;
- quel que soit le montant pour les professionnels qui ont opté pour la TVA.

Par ailleurs, les contribuables situés sous le seuil de recettes peuvent opter volontairement pour ce régime.

Modalités d'imposition

- Calcul du revenu à déclarer :
  - Résultat établi selon une comptabilité de caisse (sauf option pour une comptabilité d'engagement) : recettes encaissées – dépenses payées.

- Plus-values et moins-values estimées selon les mêmes règles que les BIC (↪ fiches 19 à 22).
- Majoration en l'absence d'adhésion à une association de gestion agrée (AGA) ou de recours à un expert-comptable conventionné pour les revenus (20 % en 2020, 15 % en 2021, 10 % en 2022 et 0 % à compter de 2023) (↪ fiche 24).

• Imputation des **déficits** : les modalités dépendent de la nature des BNC.

BNC professionnels	Déficit imputable sur le revenu global. Excédent éventuel reportable jusqu'à N+6.
BNC non professionnels	Déficit imputable uniquement sur les BNC non professionnels de la période et jusqu'à N+6.

B. Régime micro-BNC

Champ d'application

Le régime **micro-BNC** concerne les recettes annuelles inférieures à 72 600 €.

Modalités d'imposition

Un abattement de 34 % s'applique au montant des recettes (avec un minimum de 305 €) :

$$\text{Base imposable} = \text{CA} - (\text{CA} \times 34\ \%)$$

Il est possible d'opter pour le régime de l'auto-entrepreneur dans certains cas. Ce régime s'applique, comme pour les BIC (↪ fiche 23), aux professions libérales ; cependant, le taux du « forfait fiscal », s'il est applicable, est de 2,2 % et non 1,7 % comme pour les autres prestations de services. Impôt = CA × 2,2 %. Les plus-values et moins-values sont alors imposées comme dans le cas de la déclaration contrôlée (même traitement que les plus-values dans le cadre des BIC).

Il est également possible d'opter pour le régime de la déclaration contrôlée pour 2 ans, tacitement reconductible par périodes de 2 ans.

3 Imposition aux prélèvements sociaux

Les prélèvements sociaux s'appliquent sur les BNC au titre des revenus d'activité, de manière similaire aux BIC (↪ fiche 12) :

- dans le cas d'une imposition au réel, avant déduction des cotisations personnelles de Sécurité sociale, des reports déficitaires et moins-values à long terme, et avant majoration de 25 % en cas de non-adhésion à une AGA ; dans le cas du régime micro, sur la base des recettes diminuées de 34 % ;
- au taux de 9,2 % pour la **CSG** (dont 2,4 % non déductibles) et 0,5 % pour la **CRDS** (non déductible) ;
- ils sont recouvrés par l'Urssaf.

LE + DE L'EXPERT

Comme dans les BIC et les BA, il est nécessaire de distinguer les patrimoines professionnels et personnels, mais il n'est pas possible en BNC de maintenir dans le résultat fiscal des biens dégageant des revenus accessoires.

33 Bénéfices agricoles (BA)

Mots-clés

Bénéfices agricoles • CRDS • CSG • Déficit • Impôt sur le revenu

Définition

Les **bénéfices agricoles** (BA) proviennent de l'exploitation des biens ruraux : culture, élevage, production forestière, etc.

1 Champ d'application

Sont imposables les propriétaires exploitants, les fermiers (mais le loyer est un revenu foncier pour les propriétaires) et les membres d'entreprises agricoles à responsabilité limitée (EARL).

Certaines activités des agriculteurs relèvent néanmoins des BIC et non des BA : vente des produits, transformation de produits achetés, etc., mais elles peuvent être imposées dans la catégorie des BA si elles sont accessoires (moins de 30 % du chiffre d'affaires relatif à l'activité agricole et moins de 50 000 €).

2 Trois régimes d'imposition à l'IR

En matière de bénéfices agricoles, trois régimes sont applicables selon l'importance de l'activité (seuils pour 2020 à 2022).

Moyenne triennale des recettes encaissées TTC	Régime applicable de plein droit*
Supérieure à 365 000 €	Réel normal
Comprise entre 85 800 et 365 000 €	Réel simplifié
Inférieure ou égale à 85 800 €	Micro-agricole

* Une option est toujours possible pour un régime « supérieur ».

A. Les régimes réels (normal et simplifié)

- **Principes :**
  - Le calcul du bénéfice imposable et des plus et moins-values suit des règles identiques à celles développées en matière de BIC, tout comme l'adhésion à un centre de gestion agréé ou le recours à un expert-comptable conventionné (↪ fiches 15 à 24).
  - Le régime simplifié allège certaines évaluations et permet une comptabilité de caisse.
  - Certains régimes de faveur s'appliquent (jeunes agriculteurs, déductions particulières), ainsi que des crédits d'impôt.

- **Imputation du déficit** : les déficits agricoles sont déduits en priorité des bénéfices agricoles réalisés la même année par les autres membres du foyer fiscal. À défaut, ces déficits sont imputables sur les revenus des autres catégories si l'ensemble des revenus n'excède pas 111 976 € (pour l'imposition des revenus 2020). Dans le cas contraire, ils sont reportables sur les seuls bénéfices agricoles des 6 années suivantes.

▶ Exemple

M. Hours déclare des déficits agricoles s'élevant à 25 000 € en N. Le revenu brut global du foyer avant imputation des déficits est de 115 000 €.
Comme le revenu global excède le seuil fixé, le déficit agricole n'est pas imputable sur les 115 000 €, il pourra uniquement être imputé sur des bénéfices agricoles des 6 prochaines années. ◀

B. Le régime micro-agricole

- **Principe :**
  - L'imposition s'effectue sur la base de la moyenne triennale des recettes diminuée d'un abattement de 87 %, qui ne peut être inférieur à 305 €.
  - Les plus-values restent imposées à l'impôt selon le barème classique, sauf exonération destinée aux petites entreprises.
- **Imputation de déficit :** aucun déficit fiscal ne peut être déduit.
- **Obligations déclaratives allégées :** une simple mention des recettes sur la déclaration de revenus en lieu et place d'une déclaration de résultat suffit.

3 Imposition aux prélèvements sociaux

Les prélèvements sociaux s'appliquent sur les bénéfices agricoles au titre des revenus d'activité, de manière similaire aux BIC :

- dans le cas d'une imposition au réel, avant déduction des cotisations personnelles de Sécurité sociale, des reports déficitaires et moins-values à long terme, et avant majoration en cas de non-adhésion à un CGA ou de recours à un expert-comptable conventionné (↪ fiche 24) ; dans le cas du régime micro, sur la base des recettes diminuées de 34 % ;
- au taux de 9,2 % pour la CSG (dont 2,4 % non déductibles) et 0,5 % pour la CRDS (non déductible) ;
- recouvrés par l'Urssaf.

LE + DE L'EXPERT

Quel que soit le régime d'imposition, les plus-values sont déterminées et imposées selon les règles du régime réel (règles applicables aux BIC).

34 Revenus fonciers (RF)

Mots-clés

CRDS • CSG • Micro-foncier • Prélèvement de solidarité • Régime réel normal • RF

Définition

La catégorie des revenus fonciers (RF) regroupe les produits des placements immobiliers.

1 Champ d'application

Certains revenus immobiliers sont imposés au titre des BIC et non des revenus fonciers.

Revenus imposables au titre des RF	Revenus imposables au titre des BIC
• Locations de propriétés bâties (maisons, bâtiments commerciaux ou industriels, bureaux, etc.) et non bâties (terrain, mines, etc.) • Revenus des parts de sociétés civiles ou SNC immobilières	Revenus tirés des locations : – d'accessoires d'immeubles inscrits au bilan d'une entreprise – d'immeubles équipés – de meublés (d'habitation ou professionnels)

Les revenus fonciers sont imposables en France, que les immeubles concernés soient situés en France ou à l'étranger (sauf convention internationale définissant des règles particulières).

2 Deux régimes d'imposition à l'IR

En matière de revenus fonciers, deux régimes sont applicables selon l'importance de l'activité.

Régime d'imposition à l'IR des revenus fonciers

Moyenne triennale des recettes encaissées TTC	Régime applicable de plein droit
Inférieure à 15 000 €	Micro-foncier *
Supérieure ou égale à 15 000 €	Régime réel normal

* L'option pour le régime réel est possible pendant 3 ans.

A. Le régime du micro-foncier

Principe

Les revenus sont imposés sur la base des recettes diminuées d'un abattement de 30 %.

Imputation du déficit

Aucun déficit fiscal n'est déductible.

Obligations déclaratives allégées

Une simple mention des recettes sur la déclaration de revenus, en lieu et place d'une déclaration de résultat, suffit.

B. Le régime du réel normal

Principes

Le revenu net foncier est calculé par différence entre les recettes brutes effectivement encaissées et les charges déductibles (calcul propriété par propriété).

Recettes et charges déductibles

Recettes	Loyers + produits accessoires
Charges déductibles	Charges réelles décaissées pendant l'année d'imposition et entrant dans une des catégories limitativement fixées : • Réparation, entretien, amélioration (sauf agrandissement) • Frais d'administration et de gestion • Autres frais de gestion (montant forfaitaire de 20 € par bien loué) • Primes d'assurance • Certains impôts (taxe foncière) • Intérêt des emprunts

Imputation du déficit

En principe, un déficit foncier d'ensemble est reportable sur les bénéfices fonciers imposables des 10 années suivantes. Mais il peut être imputé sur le revenu global de l'année et des 6 suivantes dans la limite de 10 700 €, sauf pour la fraction de déficit réputée provenir des intérêts d'emprunt. Le surplus n'est imputable que sur les revenus fonciers des 10 années suivantes.

Du déficit foncier au déficit reportable ou imputable

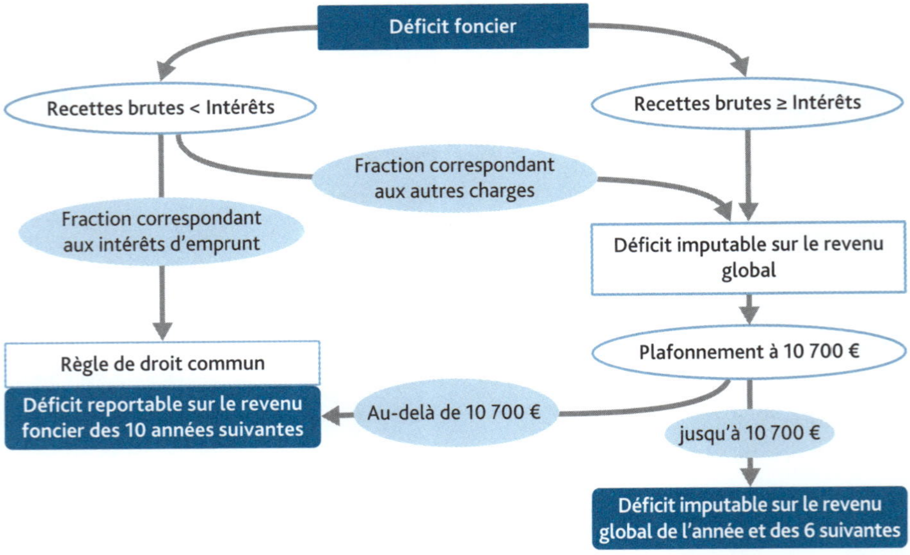

▶ Exemple

M. et Mme Viand ont perçu au cours de l'année N : des loyers de 12 000 € (mais le loyer de décembre n'a été versé qu'en janvier N+1 pour 1 000 €), la location d'un droit d'affichage de 1 700 € et une subvention de 2 000 €.
Ils ont acquitté pendant l'année les charges suivantes :

- Honoraires du gérant de l'immeuble : 880 €
- Assurances : 480 €
- Annuité de l'emprunt : 4 700 € pour le remboursement du capital et 690€ pour les intérêts
- Travaux de réparation et de raccordement : 7 580 € + 5 440 €
- Travaux de transformation de combles en chambre : 6 480 €
- Taxe foncière : 740 €

Calcul des revenus fonciers imposables pour l'année N

Recettes imposables	• Loyer : 11 000 (comptabilité de trésorerie) • Affichage : 1 700 € • Subvention : 2 000 € • **Total : 14 700 €** qui relèvent normalement du micro-foncier (< 15 000 €)
Dépenses déductibles	• Honoraires : 880 € • Assurance : 480 € • Intérêts : 690 € • Réparation du toit : 7 580 € • Réseau assainissement : 5 440 € • Taxe foncière : 740 € • Frais de gestion : 20 € • Transformation des combles : frais d'agrandissement non déductibles • **Total : 15 830 €**

Ainsi, leur activité dégage un déficit foncier de – 1 130 €.

Traitement du déficit foncier

Ce déficit n'est pas généré par les intérêts (recettes de 11 000 € supérieures aux intérêts de 690 €) et n'excède pas 10 700 €, il peut donc être imputé sur le revenu global de la famille Viand de l'année ou des 6 années suivantes.

Que se passerait-il si les intérêts payés en N s'élevaient à 15 000 € au lieu de 690 € ?

Recettes imposables	**14 700 €** (identiques)
Dépenses déductibles	Intérêts : 15 000 € Le reste est inchangé. **Total : 30 140 €**

Le déficit foncier s'élèverait à – 15 440 €.
Les recettes brutes ne permettraient pas de compenser l'intégralité des intérêts (recettes de 14 700 € inférieures aux intérêts de 15 000 €), ce qui modifie l'analyse comme suit :

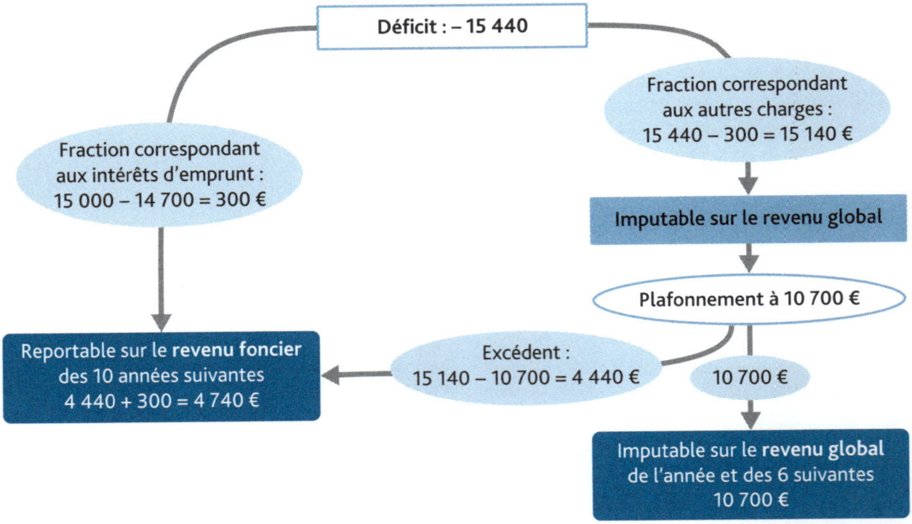

Dans tous les cas, les époux Viand n'ont donc pas intérêt à opter pour le régime du micro-foncier puisque leur déficit foncier peut réduire leur imposition globale. ◂

3 Imposition aux prélèvements sociaux

L'assiette des prélèvements sociaux est constituée par le montant net imposable (recettes après abattement dans le cas du micro-foncier, revenu net foncier dans le cas du régime réel).

Les prélèvements sociaux s'appliquent sur les revenus fonciers au titre des revenus du patrimoine au taux de **17,2 %**.

4 Déclaration et paiement

Quel que soit le régime d'imposition retenu, le revenu foncier doit être porté sur la déclaration d'ensemble des revenus (montant brut de recettes ou revenu net calculé).

Les revenus fonciers font l'objet, de manière simultanée, sur le compte bancaire du contribuable :
- d'un prélèvement à la source de l'impôt sur le revenu ;
- du paiement mensuel (ou trimestriel) d'acomptes des prélèvements sociaux.

La référence de ces prélèvements est constituée des revenus de même nature de l'année précédente. L'impôt sur le revenu et les prélèvements sociaux sont régularisés l'année suivante dans le cadre de la liquidation de l'IR.

La fraction déductible de CSG (6,8 %) est déductible :
- des revenus imposables en N (déclarés en N+1), pour la fraction de CSG payée en N ;
- des revenus imposables en N+1 (déclarés en N+2), pour le solde de CSG liquidé en N+1.

LE + DE L'EXPERT

Vous devez être capable d'appliquer et d'optimiser les différentes options s'offrant à un contribuable (régime du micro-foncier ou du réel normal).

35 Revenus des capitaux mobiliers (RCM)

Mots-clés

CRDS • CSG • Impôt sur le revenu • PFU • Prélèvement forfaitaire non libératoire

La catégorie des revenus des capitaux mobiliers (RCM) regroupe les produits des placements financiers.

1 Champ d'application

Catégories de produits concernées

Produits des placements à revenus variables	Dividendes, rémunération de l'activité d'administrateur, dépenses somptuaires (partie de chasse, yacht, villa de plaisance), etc.
Produits de placements à revenus fixes	Revenus des obligations, des comptes courants (y compris d'associés, en totalité), des fonds d'État, des fonds de caisse et assimilés

Divers produits d'épargne sont exonérés.

Exonérations d'IR et/ou de prélèvements sociaux sur l'épargne

Exonérations d'IR et de PS	Intérêts des livrets A, des livrets d'épargne populaire (LEP), des livrets jeune, des livrets de développement durable et solidaire (LDDS)
Exonération d'IR uniquement (soumis aux PS)	Intérêts et primes sur les comptes épargne logement (CEL) et plans épargne logement (PEL) de moins de 12 ans, les produits, rentes viagères et primes d'épargne des plans d'épargne populaire (PEP), les gains nets des plans d'épargne en actions (PEA), les produits de la participation des salariés, etc.

2 Deux modalités d'imposition

Les RCM sont imposables en principe au prélèvement forfaitaire unique (PFU). Mais ils peuvent être soumis au barème progressif, sur option globale annuelle conjointe avec celle concernant les plus-values sur valeurs mobilières et droits sociaux (↪ fiche 39).

A. Principe : le prélèvement forfaitaire unique (PFU)

Champ d'application	Tous les revenus de capitaux mobiliers : dividendes et assimilés et revenus de placements à revenu fixe (hors revenus exonérés)
Assiette	Montant brut des revenus sauf distributions dites irrégulières, imposées à l'IR sur 125 % de leur montant, majoration non applicable pour les PS
Taux	12,8 % (+ prélèvements sociaux de 17,2 %, d'où taxation globale à 30 %, dite *flat tax*)

Modalités de l'imposition au titre de l'IR	Recouvrement en 2 temps : • Lors du versement des revenus : prélèvement à la source d'un acompte sous la forme d'un **prélèvement forfaitaire non libératoire** (PFNL) [(1)] de 12,8 % par l'organisme payeur, au plus tard le 15 du mois suivant le paiement des revenus. • L'année suivante : déduction du PFNL lors de la liquidation du solde de l'IR. S'il excède l'impôt dû, l'excédent du PFNL non imputé est restitué.
Modalités d'imposition au titre des PS	• Revenus retenus pour leur montant brut versé (c'est-à-dire pour le montant imposable à l'IR, hors majoration de 25 % applicable pour certains revenus). • PS calculés au taux global de 17,2 % et prélevés à la source par l'organisme payeur. • Aucune fraction de la **CSG** n'est déductible (puisque les revenus ne sont pas soumis au barème progressif).

[(1)] Sauf exceptions de PFNL : foyers modestes, dividendes perçus par une entreprise, revenus afférents à des titres détenus dans un PEA, revenus payés par une personne établie hors de France.

B. Option possible : le barème progressif

Modalités de l'option	• Option globale qui porte sur l'ensemble des revenus de l'année éligibles au PFU (revenus mobiliers mais aussi plus-values sur titres, ↪ fiche 39) de l'ensemble du foyer fiscal concerné. • Exercée chaque année lors du dépôt de la déclaration de revenus et au plus tard avant la date limite de déclaration.
Modalités de l'imposition au titre de l'IR	Imposition au barème progressif après : • majoration de 25 % pour les distributions dites « irrégulières » (pour l'IR mais pas pour les PS) ; • application d'un abattement de 40 % sur les dividendes (non limité dans son montant, appliqué aux montants versés par les sociétés françaises et celles ayant leur siège dans l'UE ou dans un État ayant conclu une convention avec la France) ; • déduction des frais d'acquisition et conservation des titres.
	Traitement des déficits (↪ fiche 40) : non imputables sur le revenu global mais imputés sur les revenus de même nature des 6 années suivantes.
	Recouvrement en 2 temps : • Lors du versement des revenus : prélèvement à la source d'un acompte sous la forme d'un prélèvement forfaitaire non libératoire (PFNL)[(1)] de 12,8 % par l'organisme payeur, au plus tard le 15 du mois suivant le paiement des revenus. • L'année suivante : déduction du PFNL lors de la liquidation du solde de l'IR. S'il excède l'impôt dû, l'excédent du PFNL non imputé est restitué.

Modalités d'imposition au titre des PS	• Revenus retenus pour leur montant brut versé (c'est-à-dire hors majoration éventuelle de 25 % et avant déduction de l'abattement et des charges). • PS calculés au taux global de 17,2 % et prélevés à la source par l'organisme payeur. • Fraction de 6,8 % de CSG (sur les 9,2 %) déductible (puisque revenus soumis au barème progressif).

(1) Sauf exceptions de PFNL : foyers modestes, dividendes perçus par une entreprise, revenus afférents à des titres détenus dans un PEA, revenus payés par une personne établie hors de France.

C. Synthèse : calendrier d'imposition des RCM perçus en N

- En N : PFNL (prélèvement forfaitaire non libératoire) de 12,8 %.
- En N+1 : établissement de l'impôt sur les revenus N :
  - Imposition au PFU de 12,8 % (sans abattement, sans déduction de charges ni de CSG) ou, sur option, au barème progressif (avec abattement de 40 % pour les dividendes, déductibilité de certaines charges, et de 6,8 % de CSG).
  - Imputation du PFNL sur l'IR dû par le foyer fiscal (restitution en cas d'excédent).

Remarque :
Les revenus ayant fait l'objet d'un prélèvement forfaitaire non libératoire donnent lieu à un crédit d'impôt égal à 12,8 % des revenus bruts :

- En cas d'imposition au PFU, celui-ci correspond exactement à l'imposition des revenus de capitaux mobiliers : le PFNL est donc en réalité libératoire, le contribuable n'aura plus rien à payer en N+1.
- En cas d'imposition au barème progressif, en revanche, le montant de l'imposition applicable aux RCM diffère et le crédit d'impôt ne le neutralise donc pas totalement.

▶ Exemple

M. Falseto, PCA de la société Lestarpé, a perçu au titre de N :
- 15 000 € de rémunération de l'activité d'administrateur
- 50 000 € de dividendes
- 22 000 € de rémunérations réintégrées dans le bénéfice imposable de la SA Lestarpé car considérées comme excessives.

L'IR dû au titre de N est de 15 742 €.

Imposition réalisée en N (quelle que soit la modalité d'imposition retenue)

– Prélèvement au titre de l'IR : PFNL de 12,8 %

50 000 + 15 000 = 65 000 € (et non les 22 000 car on ne sait pas qu'ils sont excessifs au moment du versement)

65 000 × 12,8 % = 8 320 € déductible de l'IR à payer en N+1

– Prélèvement au titre des PS

65 000 × 17,2 % = 11 180 €

Dont : 65 000 × 6,8 % = 4 420 € déductibles du revenu brut global N+1 en cas d'imposition au barème progressif

En N+1 : selon l'option retenue par les contribuables

– Régime de droit commun : imposition au PFU

- Assiette imposable : 50 000 + 22 000 × 125 % + 15 000 = 92 500 €
- Imposition à 12,8 % : 11 840 €
- Aucune CSG déductible
- Déduction du PFNL acquitté en N : 8 320 € ; reste à payer : 11 840 – 8 320 = 3 520 € (qui correspondent à l'imposition des distributions irrégulières que constituent les rémunérations excessives)

– En cas d'option pour l'imposition au barème de l'IR en N+1

- Dividendes : imposables après abattement de 40 % : 50 000 × 60 % = 30 000 €
- Rémunération excessive : imposable avec majoration de 25 % : 22 000 × 125 % = 27 500 €
- Rémunération de l'activité d'administrateur = 15 000 €
- Total = 72 500 € à déclarer en N+1 au titre de N et taxés selon le revenu global du foyer fiscal et le barème
- Fraction de la CSG acquittée en N déductible du revenu global : 65 000 × 6,8 % = 4 420 €
- Déduction du PFNL acquitté en N : 8 320 € ◂

LE + DE L'EXPERT

L'option pour le prélèvement forfaitaire unique (PFU) ou le barème progressif est globale et vise aussi les plus-values sur valeurs mobilières (↪ fiche 39).

36 Revenus des dirigeants : synthèse

Mots-clés

Impôt sur le revenu • Impôt sur les sociétés • Revenus des dirigeants

Les modalités d'imposition (catégorie de revenu concerné et déductibilité du résultat imposable de la société) des **revenus des dirigeants** d'entreprises et sociétés dépendent des modalités d'imposition de l'entreprise/société (**impôt sur le revenu**, **impôt sur les sociétés**), ainsi que de la nature de la rémunération perçue.

Sociétés / bénéficiaires / types de rémunérations	Catégorie d'imposition	Déduction du bénéfice
Entrepreneur individuel	BIC, BA ou BNC (suivant l'activité)	Non
Société en nom collectif ou en commandite simple		
• n'ayant pas opté pour l'IS		
– Associés et gérants	BIC, BA ou BNC (suivant l'activité)	Non
• ayant opté pour l'IS		
– Associés et gérants	Traitements et salaires (art. 62)	Oui
Société à responsabilité limitée et EURL		
• ayant pas opté pour le régime des sociétés de personnes :		
– Gérants associés	BIC, BA ou BNC (suivant l'activité)	Non
– Gérants non associés	Traitements et salaires	Oui
• soumises à l'IS		
– Gérants majoritaires	Traitements et salaires (art. 62)	Oui
– Gérants minoritaires	Traitements et salaires	Oui
Société anonyme ou SAS		
Rémunérations		
• Sociétés ayant opté pour le régime des sociétés de personnes :		
– Dirigeants associés	BIC, BA ou BNC (suivant l'activité)	Non
– Dirigeants non associés	Traitements et salaires	Oui
• Sociétés soumises à l'IS :		
– PCA, DG, membre du directoire :	Traitements et salaires	Oui
Rémunérations des membres du CA et du CS		
• « Jetons de présence » spéciaux	Traitements et salaires	Oui
• « Jetons de présence » ordinaires	Revenus de capitaux mobiliers	Oui (en partie)

▸ **Exemple**

M. Dieulefit a le projet de créer une SARL, dont il serait gérant dirigeant. Il envisage trois hypothèses différentes qui lui feraient détenir respectivement 75 %, 50 % ou 35 % du capital. Le statut de sa rémunération varie selon les trois hypothèses et le régime fiscal choisi (en cas d'options possibles, selon sa situation) :

Imposition de la SARL à l'IS

	Imposition de la SARL à l'IS	Option de la SARL pour une imposition à l'IR
Hypothèse 1 : 75 %	Statut : gérant majoritaire ⇒ revenus imposables dans la catégorie des traitements et salaires (art. 62 du CGI)	Statut : gérant majoritaire ⇒ revenus imposables dans la catégorie des BIC (réintégration des rémunérations dans le résultat fiscal)
Hypothèse 2 : 50 % Hypothèse 3 : 35 %	Statut : gérant minoritaire ⇒ revenus imposables dans la catégorie des traitements et salaires	Statut : gérant minoritaire ⇒ revenus imposables dans la catégorie des BIC (réintégration des rémunérations dans le résultat fiscal)

En réalité, les modalités pratiques sont très proches sur le plan fiscal (ce qui n'est pas le cas sur le plan social). ◂

LE ✚ DE L'EXPERT

- Dans les entreprises soumises à l'IS, les rémunérations versées aux dirigeants sont déductibles sauf si elles sont considérées comme excessives ou injustifiées. Dans ce cas, elles sont réintégrées et relèvent de la catégorie des revenus de capitaux mobiliers sur une base majorée de 25 %.
- Dans les entreprises non soumises à l'IS, les rémunérations versées aux dirigeants sont considérées comme un bénéfice distribué et ne sont pas déductibles pour la détermination du résultat imposable au titre des BIC, BNC ou BA (elles sont donc en réalité taxées comme bénéfice et non comme salaire. Il s'agit d'une question de catégorie et non d'une pénalisation ; cependant, ceci n'est pas totalement neutre car les abattements diffèrent).

37 Plus-values des particuliers sur biens immobiliers

Mots-clés

Abattement • CRDS • CSG • Impôt sur le revenu • Plus-value • Surtaxation

1 Champ d'application

Sont visées les cessions à titre onéreux d'immeubles situés en France :

- réalisées par une personne physique (résidant ou non en France) dans le cadre de la gestion de son patrimoine privé ;
- soit directement soit au travers d'une société relevant de l'IR ;
- qui ne sont pas expressément exonérées.

Exonération selon la situation du bien cédé	Exonération selon la situation du cédant
• Résidence principale • Bien dont la déclaration publique a été prononcée en vue d'une expropriation • Cession d'immeuble dont le prix est inférieur ou égal à 15 000 € • Bien détenu depuis plus de 22 ans	Titulaires de pensions de vieillesse ou de la carte d'invalidité si : – la cession porte sur leur résidence principale – ils ne sont pas imposables à l'IFI au titre de l'avant-dernière année précédant celle de la cession – leur revenu fiscal ne dépasse pas un certain seuil

Si le bien cédé est inscrit à l'actif d'une entreprise, la **plus-value** de cession relève du régime des plus-values professionnelles (↪ fiche 19).

Les non-résidents sont concernés, à la différence des plus-values sur biens meubles.

2 Détermination de la plus-value imposable à l'IR et aux PS

A. Principe

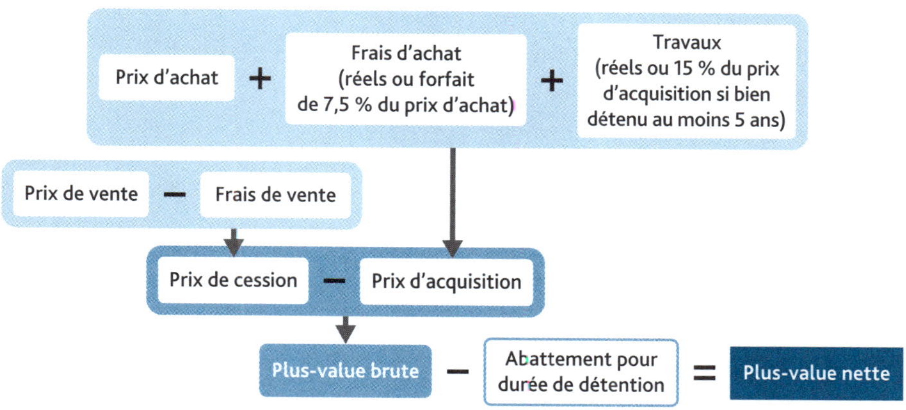

Le montant des travaux qui peuvent être retenus au réel doit être justifié et correspondre à des travaux réalisés par une entreprise.

B. Abattement pour durée de détention

L'abattement pour durée de détention diffère pour le calcul de la base imposable à l'impôt sur le revenu (↪ fiches 42 et 43) et aux prélèvements sociaux (↪ fiche 30).

	Calcul de l'abattement pour déterminer la plus-value imposable à l'IR	Calcul de l'abattement pour déterminer la plus-value imposable aux PS
Durée de détention inférieure à 6 ans	Absence d'abattement	
Pour chaque année de détention entre la 6e et la 21e	6 % par an	1,65 % par an
Au terme de la 22e année	4 % lors de la 22e année	1,60 % lors de la 22e année
Pour chaque année de détention entre la 23e année et la 30e année	–	9 % par an
	Exonération totale après 22 années (révolues) de détention (6 % par an pendant 16 ans + 4 % la 17e année = 100 %)	**Exonération totale après 30 années (révolues) de détention** (1,65 % pendant 16 ans + 1,60 % + 9 % pendant 8 ans = 100 %)

En raison de ces différences, une plus-value peut être exonérée d'IR mais pas de prélèvements sociaux (PS) (entre la 23e et la 30e année). Ces différences impliquent de calculer séparément les bases soumises à chacune des deux impositions.

3 Modalités d'imposition des plus-values à l'IR et aux PS

La plus-value réalisée est soumise :

- à l'IR au taux proportionnel et forfaitaire de **19 %** ;
- aux PS au titre des revenus de placement au taux de **17,2 %** (aucune fraction de CSG n'est déductible puisque les sommes ne sont pas soumises au barème progressif de l'IR) ;
- éventuellement à la taxe supplémentaire sur les plus-values immobilières élevées : les plus-values (hors terrains à bâtir ou cessions exonérées) supérieures à 50 000 € (après abattement pour durée de détention) subissent une surtaxation de 2 % à 6 % suivant leur montant et selon le barème suivant :

Modalités de la surtaxation sur les plus-values immobilières

Montant de la plus-value imposable (PV) (en €)	Montant de la taxe (en €)
De 50 001 à 60 000	2 % PV – (60 000 – PV) × 1/20
De 60 001 à 100 000	2 % PV
De 100 001 à 110 000	3 % PV – (110 000 – PV) × 1/10
De 110 001 à 150 000	3 % PV
De 150 001 à 160 000	4 % PV – (160 000 – PV) × 15/100
De 160 001 à 200 000	4 % PV
De 200 001 à 210 000	5 % PV – (210 000 – PV) × 20/100
De 210 001 à 250 000	5 % PV
De 250 001 à 260 000	6 % PV – (260 000 – PV) × 25/100
Supérieur à 260 000	6 % PV

4 Traitement des moins-values

Aucune imputation des moins-values immobilières n'est possible (ni sur des plus-values de même nature, ni sur le revenu global).

5 Formalités déclaratives

La déclaration et le paiement de l'impôt sont généralement effectués par le notaire pour le compte du vendeur, avant l'enregistrement de l'acte.

▸ **Exemple**

Mme Grant est mariée et a 3 enfants à charge. Elle a cédé, durant l'été N, plusieurs éléments de son patrimoine :

– sa résidence principale, une maison acquise 194 000 € il y a 10 ans et cédée pour 412 000 €, les frais de vente s'élèvent à 32 800 € ;

– un appartement situé au bord de l'océan Atlantique qui a été vendu 192 000 € le 7 novembre N, les frais d'agence s'élevant à 12 000 €. Il avait été acquis le 18 février N–12 pour 50 000 € plus 3 800 € de frais. En N–6, il a subi des travaux pour 10 000 € (réalisé par un entrepreneur) complétés par une isolation réalisée par Mme Grant pour 2 000 €.

Cession de la maison

La résidence principale est exonérée.

Cession de l'appartement

Prix de vente Frais de vente ⇒ Prix de cession (1)	192 000 – 12 000 180 000
Prix d'achat Frais d'achat : frais réels > forfait de 7,5 % donc frais réels Frais d'entretien : – réels : 10 000 € (les 2 000 € d'isolation ne sont pas pris en compte car il s'agit de travaux réalisés personnellement) – forfait (immeuble détenu au moins 5 ans) : 15 % × 50 000 = 7 500 € La déduction au réel est plus intéressante ⇒ Prix d'acquisition (2)	50 000 + 3 800 + 10 000 63 800
Plus-value brute (1) – (2)	116 200
• **IR** Abattement applicable à l'IR : 12 années de détention, soit 12 – 5 = 7 années d'abattement PV imposable à l'IR **IR à payer** (19 %)	 7 × 6 % × 116 200 = 48 804 116 200 – 48 804 = 67 396 67 396 × 19 % = **12 805**
Surtaxation (60 000 < PV < 100 000)	67 396 × 2 % = **1 348**
• **PS** Abattement applicable aux PS : 12 années de détention, soit 12 – 5 = 7 années d'abattement PV imposable aux PS **PS à payer** (17,2 %)	 7 × 1,65 % × 116 200 = 13 421 116 200 – 13 421 = 102 779 102 779 × 17,2 % = **17 678**
Impôt total (17,2 %)	12 805 + 1 348 + 17 678 = **31 831**

LE + DE L'EXPERT

Vous devez être particulièrement attentif afin de ne pas confondre les différents régimes applicables aux cessions : plus-values relevant de l'IR dans la catégorie des BIC, plus-values relevant de l'IS et plus-values des particuliers.

38 Plus-values des particuliers sur biens mobiliers

Mots-clés

Abattement • CSG • Impôt sur le revenu • Plus-values mobilières

1 Champ d'application

Sont visées les cessions à titre onéreux de biens meubles :

- réalisées par une personne physique domiciliée fiscalement en France dans le cadre de la gestion de son patrimoine privé ;
- soit directement soit au travers d'une société relevant de l'**impôt sur le revenu** ;
- qui ne sont pas expressément exonérées, notamment :
  - les meubles meublants, appareils ménagers et automobiles (sauf celles de collection avec application d'un régime particulier),
  - les biens meubles dont le prix de cession est inférieur ou égal à 5 000 €,
  - les biens possédés depuis 22 ans (**abattement** pour durée de détention).

En pratique, seuls quelques rares cas de biens mobiliers donnent donc lieu à des plus-values taxables (ex. : voiliers).

Si le bien cédé est inscrit à l'actif d'une entreprise, la plus-value de cession relève du régime des plus-values professionnelles (↪ fiche 19).

Les non-résidents ne sont pas concernés, à la différence des plus-values immobilières, qui sont imposées que le contribuable ait ou non son domicile fiscal en France.

2 Détermination de la plus-value imposable à l'IR et aux PS

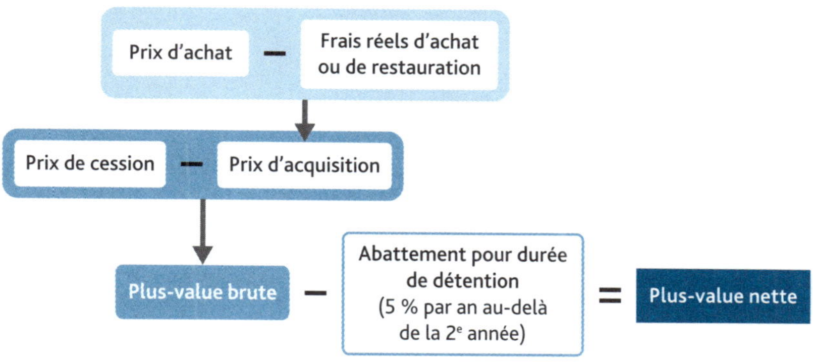

L'exonération est donc acquise après 22 ans de détention, tant pour l'IR que pour les PS.

Concernant les **plus-values mobilières**, les frais éventuels (achat ou entretien) ne peuvent être retenus que pour des montants réels dûment justifiés (absence de forfait).

3 Modalités d'imposition des plus-values à l'IR et aux PS

La plus-value réalisée est soumise :

- à l'IR, au taux proportionnel et forfaitaire de **19 %** ;
- aux PS, au titre des revenus de placement au taux de **17,2 %** (aucune fraction de CSG n'est déductible puisque les sommes ne sont pas soumises au barème progressif de l'impôt sur le revenu).

4 Traitement des moins-values

Une moins-value est imputable sur les plus-values sur biens meubles de même nature des 10 années suivantes.

5 Formalités déclaratives

La déclaration et le paiement de l'impôt sont effectués à la recette des impôts du domicile du vendeur (ou du notaire, en cas d'acte notarié) dans le mois qui suit la cession.

▸ Exemple

Mme Gabrielle a cédé, le 12 septembre N et pour 128 000 €, un bateau acquis le 22 mai N–8 pour 75 000 €. Elle avait fait réaliser des réparations pour 5 000 € réparties sur plusieurs années.

Prix de cession (1)	128 000
Prix d'achat compte tenu des frais (2)	75 000 + 5 000 = 80 000
Plus-value brute (1) – (2)	48 000
Abattement pour durée de détention : 8 années de détention, donc 8 – 2 = 6 années d'abattement (pour l'IR et pour les PS)	6 × 5 % × 48 000 = 14 400
Plus-value nette imposable à l'IR et aux PS	48 000 – 14 400 = 33 600
Impôt à payer • IR (19 %) • PS (17,2 %) • Imposition totale	 6 384 5 779 12 163

LE + DE L'EXPERT

Veuillez à bien distinguer les différents régimes applicables aux cessions : plus-values relevant de l'IR dans la catégorie des BIC, plus-values relevant de l'IS et plus-values des particuliers.

39 Plus-values des particuliers sur valeurs mobilières et droits sociaux

Mots-clés

Abattement • CRDS • CSG • *Flat tax* • Impôt sur le revenu • PFU • Plus-value sur droits sociaux

1 Champ d'application

Sont visées les cessions par des contribuables domiciliés en France (même si elles sont réalisées à l'étranger) :

- d'actions ou parts de sociétés soumises à l'IS ;
- d'obligations, titres d'OPCVM ;
- de parts de sociétés de personnes non soumises à l'IS si le cédant n'exerce pas de façon active dans la société (dans le cas contraire, il s'agit d'une plus-value professionnelle).

Les non-résidents ne sont pas concernés (à la différence des plus-values immobilières).

2 Détermination de la plus-value imposable à l'IR et aux PS

A. Détermination de la plus-value ou moins-value

La plus-value brute est égale à la différence entre le prix de cession et le prix d'acquisition (éventuellement évalué, en cas de série de titres, au coût moyen pondéré ou premier entré-premier sorti).

B. Imputation des moins-values

Les moins-values subies au cours d'une année sont imputées sur les plus-values de même nature imposables au titre de la même année ou reportables sur les plus-values de même nature des 10 années suivantes.

C. Abattement pour dirigeant partant en retraite

L'**abattement** de 500 000 € est applicable sous conditions aux plus-values réalisées jusqu'au 31 décembre 2022 par des dirigeants partant en retraite sur la cession des titres qu'ils détenaient dans leur société. Cet abattement est applicable pour l'imposition à l'IR (quelle que soit la modalité d'imposition choisie) mais non aux prélèvements sociaux.

3 Modalités d'imposition des plus-values à l'IR et aux PS

Les plus-values sur droits sociaux sont imposables en principe au prélèvement forfaitaire unique (**PFU**). Mais elles peuvent être soumises au barème progressif, sur option globale annuelle conjointe avec celle qui concerne les revenus de capitaux mobiliers (↪ fiche 35).

A. Principe : le prélèvement forfaitaire unique (PFU)

La plus-value réalisée est soumise :

- à l'IR au taux proportionnel et forfaitaire de **12,8 %** ;
- aux PS au titre des revenus de placement au taux de **17,2 %** (aucune fraction de **CSG** n'est déductible puisque les sommes ne sont pas soumises au barème progressif de l'IR).

Soit une imposition globale de 30 % (« ***flat tax*** »).

B. Option possible pour le barème progressif

Impôt sur le revenu

L'option s'applique alors sur le gain net (donc pas en cas de moins-value nette) taxable à l'IR, avec un **abattement pour durée de détention** si les titres cédés ont été acquis avant le 1er janvier 2018, éventuellement renforcé dans certains cas.

	Abattement pour durée de détention de droit commun	Abattement pour durée de détention renforcé pour les cessions de titres de jeunes PME
Conditions	Toutes les cessions	La société dont les titres sont cédés doit : – avoir moins de 10 ans à la date d'acquisition des titres – répondre à la définition européenne de la PME lors de l'exercice précédant la souscription/acquisition – n'accorder aux souscripteurs que les seuls droits résultant de leur qualité d'associé ou actionnaire à l'exclusion de tout autre avantage ou garantie – être passible de l'impôt sur les bénéfices ou équivalent – voir son siège social dans un État de l'Espace économique européen – exercer une activité commerciale, industrielle, artisanale, libérale ou agricole (donc hors gestion de patrimoine)
Montant de l'abattement	• 50 % après 2 ans de détention et avant 8 ans • 65 % après 8 ans de détention	• 50 % si titres détenus au moins 1 an et moins de 4 ans • 65 % si titres détenus au moins 4 ans et moins de 8 ans • 85 % si titres détenus au moins 8 ans

L'abattement (de droit commun ou renforcé) pour durée de détention est incompatible avec l'abattement fixe de 500 000 € pour départ à la retraite du dirigeant : le cas échéant, un choix doit être opéré.

Prélèvements sociaux

Les prélèvements sociaux s'appliquent hors abattement pour durée de détention, au taux de 17,2 %. La fraction de 6,8 % de CSG est déductible du revenu global, dans la limite du montant imposable après éventuel abattement de 500 000 €.

4 Traitement des moins-values

Une moins-value est imputable sur les plus-values de même nature des 10 années suivantes.

Synthèse des options possibles

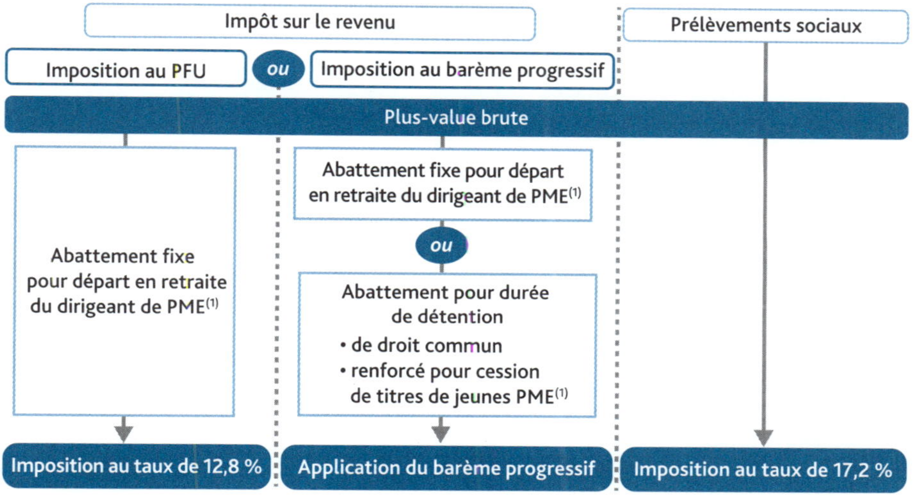

(1) Si applicable.

5 Formalités déclaratives

A. Déclaration par le contribuable

Les cessions de valeurs mobilières et droits sociaux doivent faire l'objet d'une déclaration spéciale ; celle-ci déclenche l'imposition à l'IR (quelle que soit l'option choisie) et aux prélèvements sociaux, qui figureront sur le même avis d'imposition. Les PS sont acquittés en N+1 pour des revenus N. La fraction éventuellement déductible de CSG (en cas d'option pour le barème progressif) ne sera déduite qu'au titre de l'année de son paiement, c'est-à-dire lors de l'imposition des revenus N+1.

B. Déclaration par les intermédiaires financiers

Ils doivent déclarer chaque année, dans le cadre de l'imprimé fiscal unique (IFU), le montant total des cessions effectuées par chacun de leurs clients.

▶ Exemple

Mme Grant a cédé, durant l'été N, plusieurs éléments de son patrimoine financier :

– Les 4 100 actions qu'elle détenait de la société Grant, qu'elle dirigeait, ont été cédées pour 802 000 €. Elle les avait acquises en N–6 pour 292 000 €. Cette opération peut profiter de l'exonération prévue pour départ en retraite mais pas de l'abattement renforcé pour durée de détention.

– Par l'intermédiaire de sa banque, elle a vendu pour 24 800 € des actions acquises 25 900 € et 2 600 € des titres de Sicav acquis 2 250 € en N–3.

Son taux marginal d'IR est de 45 %.

Calcul de la plus-value brute

	Grant	Actions	Sicav
Prix de cession compte tenu des frais	802 000	24 800	2 600
Prix d'achat compte tenu des frais	292 000	25 900	2 250
Plus-value brute	610 000	– 1 100	350

Imposition dans le cadre du PFU

	Grant	Actions	Sicav
Plus-value brute	610 000	– 1 100	350
Abattement pour départ en retraite du dirigeant	610 000 – 500 000 = 110 000		
PV imposable	(110 000 – 1100 + 350) = 109 250		
IR (12,8 %)	109 250 × 12,8 % = 13 984		
PS (17,2 %)	109 250 × 17,2 % = 18 791		
Imposition totale	**32 775**		

Imposition en cas d'option pour le barème progressif

	Grant	Actions	Sicav
Plus-value brute	610 000	– 1 100	350
Solution 1 : • Abattement pour départ en retraite du dirigeant pour actions Grant • Abattement pour durée de détention pour actions et SICAV (50 %) PV imposable (IR et PS)	– 500 000 + 110 000	 + 1 100 × 50 % – 550	 – 350 × 50 % + 175
IR (45 %) PS (17,2 %, avec une fraction de CSG récupérable en N+1) Imposition totale	(110 000 – 550 + 175) × 45 % = 49 331 (110 000 – 550 + 175) × 17,2 % = 18 855 **68 187**		
Solution 2 : abattement pour durée de détention pour tous les titres (50 %) PV imposable (IR) IR (45 %) PS (17,2 % sans abattement, mais avec une fraction de CSG récupérable en N+1) Imposition totale	 (610 000 – 1 100 + 350) × 50 % = 304 625 304 625 × 45 % = 137 081 (610 000 – 1 100 + 350) × 17,2 % = 104 791 137 081 + 104 791 = **241 872**		

Le **PFU** est plus favorable à cette contribuable (qui a un taux marginal d'IR élevé). ◄

LE + DE L'EXPERT

L'option « PFU / barème progressif » est globale et porte sur l'ensemble des revenus de l'année éligibles au PFU (les plus-values sur titres mais aussi les revenus des capitaux mobiliers ↪ **fiche 35**).

40 Traitement des déficits catégoriels : synthèse

Mots-clés

Déficit • Foyer fiscal

Le traitement des **déficits** ou pertes dépend de la catégorie de revenus concernée.

Traitement catégoriel des déficits

Sources du déficit		Modalités de compensation
BIC (↪ fiche 11)	Professionnels	Imputation sur le revenu global
	Non-professionnels	Report sur les bénéfices d'activités de même nature des 6 années suivantes (10 années en cas de location en meublés non professionnelle)
BNC (↪ fiche 32)	Professionnels	Imputation sur le revenu global
	Non-professionnels	Report sur les bénéfices d'activités semblables des 6 années suivantes
BA (↪ fiche 33)		• Si les autres revenus ne dépassent pas 111 976 € (pour 2020) : imputation sur le revenu global • Sinon : report sur les BA des 6 années suivantes
RF (↪ fiche 34)		• Si le déficit ne provient pas des intérêts d'emprunt (recettes > intérêts) : imputable dans la limite annuelle de 10 700 € sur le revenu global de l'année ou des 6 années suivantes • Si le déficit résulte des intérêts d'emprunt ou pour la fraction excédant 10 700 € : exclusivement reportable sur les revenus fonciers des 10 années suivantes
RCM (↪ fiche 35)		Report sur les RCM des 6 années suivantes
Moins-value	Professionnelle (↪ fiche 19)	• À court terme : imputable sur du BA/BIC/BNC • À long terme : reportable sur les plus-values à long terme réalisées au cours des 10 exercices suivants
	Des particuliers (↪ fiches 37 à 39)	• Immobilière : aucune imputation ni aucun report possible • Mobilière et sur droits sociaux : reportable sur les plus-values de même nature réalisées au cours de la même année ou des 10 années suivantes

Imputations et reports s'apprécient au niveau du **foyer fiscal**. Si le revenu global est lui-même déficitaire, il est procédé à un report sur le revenu global des 6 années suivantes.

▶ Exemple

Les époux Dutel ont répertorié les éléments de revenus N comme suit :

M. Dutel	Mme Dutel
• Traitements et salaires : 120 000 € • BIC professionnel (avec CGA) : 20 000 € • Déficit agricole : – 18 000 € • BNC non professionnel : 12 000 €	• BNC professionnel (avec AGA) : 32 000 € • BIC non professionnel : 12 000 € • Plus-value immobilière (montant imposable) : 50 000 € • Déficit foncier : – 15 000 € (dont 5 000 € provenant d'intérêts d'emprunt)

Par ailleurs, en N–1, n'ont pu être imputés un déficit BIC non professionnel de 17 000 € et une moins-value immobilière de 13 000 €.

Bases imposables N des époux Dutel

	Éléments N–1	Éléments N		Traitement		
		M.	Mme	Base IR N		À reporter
Traitements et salaires (1)	–	120 000	–	108 000	BP	–
BIC professionnel	–	20 000	–	20 000	BP	–
Déficit agricole (2)	–	– 18 000	–	–	–	– 18 000
BNC non professionnel (3)	–	– 12 000	–	–	–	– 12 000
BNC professionnel	–	–	32 000	32 000	BP	–
BIC non professionnel	–	–	12 000	12 000	BP	–
Plus-value immobilière	–	–	50 000	50 000	19 %	–
Déficit foncier (4)	–	–	– 15 000	– 10 000	BP	– 5 000
BIC non professionnel (3)	– 17 000	–	–	– 12 000	BP	– 5 000
Moins-value immobilière (5)	– 13 000	–	–	–	–	–
			Total imposé au barème progressif	150 000	BP	
			Total PV des particuliers	50 000	19 %	

(1) Abattement de 10 %, pour frais professionnels (↪ fiche 31).

(2) Déficits agricoles non imputables sur revenu global car les autres revenus dépassent 111 976 € (pour 2020). Report possible sur BA des 6 années suivantes.

(3) Déficits BNC/BIC non professionnels reportables sur les BNC/BIC non professionnels des 6 années suivantes.

(4) Déficit foncier non lié aux intérêts d'emprunt (10 000 €) déductible du revenu global dans la limite de 10 700 €. Excédent (5 000 €) reportable sur les bénéfices fonciers des 10 années suivantes.

(5) Moins-values immobilières jamais imputables. ◀

LE ✚ DE L'EXPERT

L'imputation sur le revenu global est bien sûr plus intéressante pour le contribuable que le report sur les revenus futurs. Il convient de bien analyser les différentes situations.

41 Détermination du revenu net imposable

Mots-clés

Pension alimentaire • Revenu brut global • Revenu catégoriel imposable

Le calcul du revenu imposable (et de l'impôt) est réalisé par l'administration à partir des éléments (revenus et charges) déclarés annuellement par le contribuable pour chaque catégorie (ou validées tacitement pour certains à compter de 2020).

Trois étapes majeures du calcul du revenu imposable

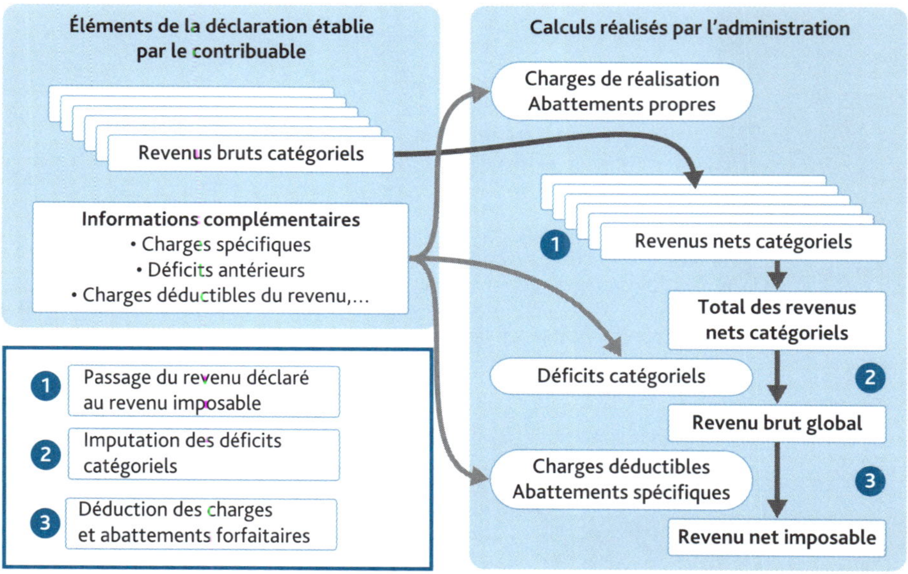

1 Passage du revenu déclaré au revenu imposable

Pour chaque catégorie de revenu s'appliquent des règles spécifiques menant du montant déclaré par le contribuable au **revenu catégoriel imposable** (↪ fiches 31 à 35).

2 Imputation des déficits catégoriels

L'imputation des déficits varie selon le régime catégoriel (↪ fiche 40).

3 Déduction des charges et abattement forfaitaires

Certaines charges, notamment une partie de la CSG ou encore les **pensions alimentaires**, sont déductibles du **revenu brut global**.

Déductibilité des charges du revenu brut global

	Conditions de déductibilité	Limites/analyses
CSG déductible	Fraction de 6,8 % sur les revenus du patrimoine et de placement soumis au barème progressif de l'impôt [1]	
Pensions alimentaires	• Aux ascendants dans le besoin, enfants mineurs de parents divorcés ou séparés, enfants majeurs sans ressource ne vivant pas sous le toit du contribuable et déclarant seuls leurs revenus	• Les pensions sont imposables chez le bénéficiaire et doivent être justifiées. Limite de 5 959 € par an et par enfant (dans la limite de 11 918 € en cas d'enfant chargé de famille si les parents assument la charge de toute la famille)
	• Aux enfants majeurs sans ressource vivant sous le toit du contribuable et déclarant seuls leurs revenus	• 3 542 € par an et par enfant pris en charge, portés à 5 959 € sur justificatifs
	• Au conjoint ou ex-conjoint et sur décision de justice	• Selon le montant
Frais d'accueil d'une personne de plus de 75 ans	Personne vivant sous le toit du contribuable et avec des revenus ne dépassant pas certains seuils.	Avantages déductibles pour leur montant réel limité à 3 542 € par personne et par an.

[1] Pour les revenus d'activité, cette fraction est déjà déduite de la base imposable (et, au contraire, la fraction non déductible est, elle, réintégrée au montant imposable ↪ fiche 31).

Abattements spécifiques applicables sur le revenu brut global

	Montant pour 2020 et conditions
Personnes âgées de plus de 65 ans ou invalides	• 2 446 € si le revenu global inférieur à 15 340 € • 1 224 € si le revenu global est compris entre 15 340 € et 24 960 € Dans les deux cas, l'abattement est doublé si les deux conjoints remplissent les conditions
Enfants à charge (rattachés au foyer fiscal des parents) ayant fondé un foyer distinct	5 959 € par personne à charge, quel qu'en soit le nombre, en cas de rattachement au foyer d'un des parents

LE + DE L'EXPERT

• Si un déficit global est dégagé, il est reporté sur le revenu global des 6 années suivantes.

• Le revenu global imposable est taxé au barème progressif (↪ fiche 42), sauf les éléments soumis à des taux proportionnels (PV, RCM, etc.).

42 Calcul de l'impôt sur le revenu brut

Mots-clés

Impôt brut • Nombre de parts • Part du foyer fiscal • Quotient familial • Revenu brut imposable

Certaines composantes du revenu global sont imposées à un taux proportionnel : plus-values professionnelles taxées à 12,8 %, revenus de capitaux mobiliers et plus-values sur titres taxées au PFU de 12,8 %, autres plus-values des particuliers taxées à 19 %.

Pour les autres, la liquidation de l'IR au barème progressif s'effectue en trois étapes : détermination du nombre de parts, détermination du quotient familial et calcul de l'impôt brut.

Certains éléments viennent ensuite en correction de cet impôt (↪ fiche 43).

1 Détermination du nombre de parts

Le décompte du nombre de parts s'effectue en fonction de la composition du foyer fiscal :

- parents : 1 part pour chacun ;
- enfants rattachés : 0,5 part par enfant, mais 1 part par enfant à compter du 3e.

Ce nombre est majoré dans des situations particulières.

2 Détermination du quotient familial (QF)

Le quotient familial dépend du revenu global imposable (↪ fiche 41) et du nombre de parts.

$$QF = \frac{\text{Revenu global imposable}}{\text{Nombre de parts}}$$

3 Calcul de l'impôt brut

L'impôt brut peut s'obtenir de deux façons :

- soit en utilisant les taux d'imposition applicables à chaque tranche ;
- soit en utilisant les formules de calcul direct.

A. Barème par tranches (revenus de 2020)

À chaque tranche de revenu imposable (pour une part) correspond un taux d'imposition à appliquer.

L'impôt ainsi obtenu doit ensuite être multiplié par le nombre de parts pour obtenir l'impôt brut global du foyer fiscal.

Revenu imposable pour une part	Taux d'imposition
N'excédant pas 10 084 €	0 %
De 10 084 € à 25 710 €	11 %
De 25 710 € à 73 516 €	30 %
De 73 516 € à 158 122 €	41 %
Supérieur à 158 122 €	45 %

B. Calcul direct

À l'inverse du barème précédent, qui fournit l'impôt dû pour une part, les formules de calcul ci-après indiquent directement l'impôt total brut à partir du quotient familial.

Valeur du quotient (revenu net imposable (R) / nombre de parts (N))	Montant de l'impôt brut
N'excédant pas 10 084 €	0 €
De 10 084 € à 25 710 €	$I = R \times 0{,}11 - 1\,109{,}24 \times N$
De 25 710 € à 73 516 €	$I = R \times 0{,}30 - 5\,994{,}14 \times N$
De 73 516 € à 158 122 €	$I = R \times 0{,}41 - 14\,080{,}90 \times N$
Supérieur à 158 122 €	$I = R \times 0{,}45 - 20\,405{,}78 \times N$

▶ **Exemple**

Un couple marié avec un enfant de 8 ans déclare un revenu net imposable de 60 000 €.

- Nombre de parts : 1 + 1 + 0,5 = 2,5.
- Quotient familial : 60 000 / 2,5 = 24 000.

Calcul par tranche

		Étendue de la tranche	Taux d'imposition	Montant de l'impôt
Tranches	0 à 10 084 €	10 084 €	0 %	0 €
Tranches	10 084 à 24 000 €	13 916 €	11 %	1 530,76
	Montant total pour une part			1 530,76
	Impôt total pour 2,5 parts			3 826,90, arrondi à 3 827 €

Calcul direct

Impôt brut : 60 000 × 11 % – (1 109,24 × 2,5) = 3 827 €. ◀

LE + DE L'EXPERT

- L'utilisation de la grille de calcul direct n'exonère pas du calcul du quotient familial (il détermine la « ligne » et donc la formule simplifiée applicable).
- Le barème n'est pas à connaître pour les examens mais il faut savoir l'appliquer, dans ses deux versions.

43 Calcul de l'impôt sur le revenu net

Mots-clés

Foyer fiscal • Crédit d'impot • Impôt brut • Impôt net • Niche fiscale • Revenu fiscal de référence • Revenu imposable

L'**impôt net** s'obtient en apportant les corrections ci-après à l'impôt brut, dans l'ordre suivant :

Impôt brut
+ Plafonnement des effets du quotient familial ❶
– Décote et réfaction pour les foyers modestes ❷
– Réductions d'impôt ❸
+ Impôts sur les plus-values ou profits à taux proportionnel ❹
– Crédits d'impôt ❺
+ Plafonnement global de certains avantages fiscaux ❻
= Impôt net

❶ Plafonnement des effets du quotient familial

L'avantage en impôt procuré par chaque demi-part s'ajoutant à une part (personne seule) ou à deux parts (mariés/pacsés) ne peut excéder un montant fixé annuellement (1 570 €, pour l'imposition des revenus 2020).

▸ **Exemple**

Mme et M. Rhin ont un revenu de 185 550 € et 5 enfants.

Impôt brut sans plafonnement

- Nombre de parts : 6 (soit 6 – 2 = 4 parts, 8 demi-parts supplémentaires par rapport à un couple sans enfant).
- QF : 185 550 / 6 = 30 925 €.
- Impôt brut : 185 550 × 30 % – 5 994,14 × 6 = 19 700 €.

Impôt brut avec plafonnement

Calcul de l'impôt si le couple n'avait pas d'enfant, donc avec seulement 2 parts :

- QF : 185 550 / 2 = 92 775 €.
- Impôt brut : 185 550 × 41 % – 14 080,90 × 2 = 47 914 €.

L'avantage lié au quotient familial est donc de 47 914 – 19 700 = 28 214 €.
L'avantage maximum est de 1 570 € par demi-part supplémentaire, soit 1 570 × 8 = 12 560 €.
L'impôt corrigé est donc de 47 914 – 12 560 = 35 354 €. ◂

2 Décote pour les foyers fiscaux modestes

Ce mécanisme d'allègement s'applique aux **foyers fiscaux** les plus modestes.

Mécanisme de la décote (imposition des revenus 2020)

Contribuables visés	Contribuables dont l'IR brut (IR) ne dépasse pas : • 1 720 € pour un contribuable seul • 2 847 € pour 2 contribuables
Calcul de la décote (*D*)	• Contribuable seul : $D = 779 - 45{,}25\ \% \times \text{IR}$ • 2 contribuables : $D = 1\,289 - 45{,}25\ \% \times \text{IR}$

3 Réductions d'impôt

Principales réductions d'impôt applicables (imposition des revenus 2020)

Nature des dépenses	Taux	Conditions et observations
Dons (non cumulable avec la réduction BIC) aux : • associations d'aide aux personnes en difficulté ou aux victimes de violences domestiques • œuvres, organismes et associations d'intérêt général ou d'utilité publique, à certains organismes agréés	• 75 % • 66 %	• Dans la limite d'une base de 1 000 € pour les revenus 2020 et 2021 (plafond « normal » : 554 €), l'excédent peut être pris en compte avec les autres dons • Dans la limite de 20 % du revenu imposable (après déduction de la CSG déductible et des pensions alimentaires diverses)
Frais de scolarisation des enfants à charges	• 61 € • 153 € • 183 €	• Par enfant collégien • Par enfant lycéen • Par enfant étudiant
Frais de séjour en établissement pour personnes dépendantes	25 %	Dans la limite d'une base de 10 000 € par an et par personne hébergée
Frais de comptabilité ou d'adhésion à un centre ou à une association de gestion agréée (↪ fiche 24)	2/3	Dans la double limite d'une base de 915 € par an et de l'IR, traitement réservé aux contribuables relevant d'un régime micro-entreprise ayant opté pour un régime réel
Souscription en numéraire sous conditions au capital de certaines PME	18 %	Dans la limite de 50 000 € (personne seule) ou de 100 000 € (couple)

4 Prise en compte des éléments imposés à un taux proportionnel

- Sur PV professionnelles à long terme (12,8 %).
- Sur PV sur valeurs mobilières et revenus de capitaux mobiliers taxés au PFU (12,8 %).
- Sur PV sur immeubles et biens meubles (19 %).

Si le montant de l'impôt, à ce stade, est inférieur à 61 €, aucun impôt n'est dû.

5 Imputation des crédits d'impôt

Si les **crédits d'impôt** sont supérieurs à l'impôt dû, l'excédent est remboursé (à la différence des réductions d'impôt non remboursables).

Principaux crédits d'impôt applicables (imposition des revenus 2020) aux dépenses des ménages

	Taux	Conditions et observations
Frais de garde de jeunes enfants	50 %	Dans la limite de 2 300 € par an et par enfant de moins de 6 ans gardé à l'extérieur du domicile
Frais d'emploi d'un salarié à domicile	50 %	• Base : dépenses supportées dans la limite de 12 000 € (15 000 €, la 1re année), plafond majoré de 1 500 € par enfant à charge et par membre du foyer fiscal âgés de plus de 65 ans, sans excéder 15 000 € (18 000 €, la 1re année) • Limite portée à 20 000 € en présence d'une personne invalide dans le foyer
Crédit d'impôt pour la transition énergétique (CITE)	Montant forfaitaire selon les dépenses	• Applicable aux foyers « intermédiaires », forfait remplacé par une prime depuis 2020 pour les foyers modestes • Crédit plafonné sur 5 ans à 2 400 € (personne seule) et à 4 800 € (couple) + 120 € par enfant à charge
Dépenses en faveur de l'aide aux personnes (dans l'habitation principale)	25 % 40 %	• Installation ou remplacement d'équipement pour personnes handicapées ou âgées, dépenses limitées à un plafond de 5 000 € (célibataire) et 10 000 € (couple), majorées de 400 € par personne à charge pour une période de 5 ans • Diagnostic de risques technologiques, dans la limite de 20 000 € de dépenses par habitation
Cotisations syndicales	66 %	Base retenue dans la limite de 1 % du revenu brut

6 Plafonnement global de certains avantages fiscaux

Certaines déductions, réductions et crédits d'impôt, dénommés « **niches fiscales** », sont plafonnés à un montant de 10 000 €.

7 Contribution exceptionnelle sur les hauts revenus

Les contribuables dont le revenu global est supérieur à 250 000 € pour une personne seule (500 000 € pour un couple marié ou pacsé) doivent payer une contribution exceptionnelle, qui s'élève à :

- 3 % sur la fraction du **revenu fiscal de référence** comprise entre 250 000 et 500 000 € (personne seule) ou entre 500 000 et 1 000 000 € (couple) ;
- 4 % sur la fraction du revenu fiscal de référence supérieur à 500 001 € (personne seule) ou 1 000 000 € (couple).

8 Revenus exceptionnels ou différés

Les **revenus imposables** étant soumis à un barème progressif, la perception de revenus exceptionnels ou différés peut entraîner une variation excessive de l'impôt. Le système du « quotient » évite une taxation trop importante.

LE + DE L'EXPERT

Les seuils, la liste des réductions/crédits d'impôt, etc. ne sont pas à connaître par cœur mais les candidats doivent savoir les mettre en œuvre. Il faut notamment veiller à respecter l'ordre dans lequel s'enchaînent les différents éléments du calcul de l'impôt net.

44 Déclaration et paiement de l'impôt sur le revenu

Mots-clés

Acompte • Avis d'imposition • Impôt sur le revenu • Prélèvement à la source • Retenue à la source • Taux du foyer • Taux individualisé • Taux neutre

1 Principe

A. Déclaration

Tout foyer fiscal doit télédéclarer chaque année les revenus perçus l'année précédente.

Les justificatifs ne sont pas à joindre mais ils doivent être conservés et mis à disposition de l'administration sur demande.

La date limite de dépôt des déclarations est fixée entre mai et juin (calendrier selon les départements).

La déclaration dématérialisée prend la forme d'une déclaration fiscale (formulaire Cerfa n° 2042). Certains contribuables peuvent cependant se contenter d'une « déclaration tacite », sous conditions, à compter de 2020.

Un **avis d'imposition** est ensuite adressé au foyer fiscal par l'administration entre fin juillet et fin août.

B. Paiement

Le paiement de l'impôt sur le revenu donne lieu à un **prélèvement à la source** applicable à la quasi-totalité des revenus.

2 Champ et modalités d'application du prélèvement à la source

Le prélèvement à la source s'applique uniquement aux catégories de revenus suivantes :
- revenus salariaux et de remplacement, pensions, rentes viagères ;
- revenus des travailleurs indépendants et assimilés (BIC, BNC, BA) ;
- revenus fonciers.

Deux modalités de recouvrement sont mises en œuvre.

Modalités pratiques du prélèvement à la source

Types de revenus	Modalités de recouvrement
Salaires et assimilés, revenus des présidents et gérants minoritaires	**Retenue à la source** pratiquée par un tiers collecteur (employeur, Pôle emploi, caisses de retraite, etc.) qui, chaque mois, applique le taux en vigueur, prélève la retenue, puis la déclare et la verse le mois suivant à la DGFiP
Bénéfices professionnels (BIC, BNC, BA), revenus fonciers, pensions alimentaires et revenus des gérants majoritaires	**Acompte** mensuel ou trimestriel, prélevé par l'administration sur le compte bancaire du contribuable

Remarques :

- Pour les revenus de capitaux mobiliers (RCM) et les plus-values sur titres, le prélèvement à la source prend la forme d'un prélèvement forfaitaire non libératoire (PFNL). Pour les autres plus-values, l'IR est recouvré en N+1 à la suite de la déclaration des revenus (les prélèvements sociaux sont recouvrés *via* les notaires dans le cas des plus-values immobilières).
- Pour un contribuable disposant de revenus de natures différentes, les deux modes de prélèvement sont cumulables.
- Dans le cas des revenus fonciers, le prélèvement à la source de l'IR s'accompagne de ponctions d'acomptes sur les prélèvements sociaux.

3 Taux du prélèvement

Principe : le taux du foyer	• Un taux unique est : – calculé par foyer en fonction des revenus de N–2 (pour les prélèvements de janvier à août) puis de N–1 (pour les prélèvements suivants) – mis à jour mensuellement (pour tenir compte des changements de situations en temps réel) • Il est égal à : $\text{Taux du foyer} = \frac{\text{IR afférent aux revenus soumis au prélèvement à la source}}{\text{Somme des revenus soumis au prélèvement à la source}}$
Option possible pour le taux individualisé	Le calcul d'un **taux individualisé** permet de tenir compte des disparités de revenus au sein d'un couple.
Taux « par défaut »	• Un **taux neutre** est appliqué selon une grille inscrite dans la loi de finances : – sur option pour les contribuables souhaitant protéger leur confidentialité ; – par défaut en l'absence d'information sur le contribuable. • Si le taux par défaut est inférieur au taux réel, un complément est prélevé sur le compte en bancaire du contribuable.

4 Paiement du solde

En N+1, à l'issue du calcul du montant définitif à déduire de l'impôt sur le revenu :

- l'excédent éventuel de paiement est restitué au contribuable ;
- en cas de solde restant dû, ce dernier doit être payé. S'il excède 300 €, il est reconstitué par prélèvements automatiques d'ici à décembre.

LE + DE L'EXPERT

La mise en place du prélèvement à la source ne modifie les modalités de calcul de l'impôt sur le revenu, seul le mode de paiement est impacté.

45 Impôt sur la fortune immobilière (IFI)

Mots-clés

Biens professionnels • Décote • Plafond • Résidence principale • Voie de rôle

1 Champ d'application

▶ Code général des impôts (CGI), art. 964

Il est institué un impôt annuel sur les actifs immobiliers désigné sous le nom d'impôt sur la fortune immobilière.

Personnes imposables	Personnes physiques qui possèdent, au 1er janvier, seules ou avec leur conjoint et leurs enfants mineurs, un patrimoine immobilier d'une valeur d'au moins **1 300 000 €**.
Territorialité	• Les personnes physiques domiciliées en France (France métropolitaine, départements et régions d'outre-mer : Guadeloupe, Martinique, Guyane, la Réunion et Mayotte) sont en principe imposables sur tous leurs biens immobiliers (situés en France ou non). • Les personnes physiques domiciliées hors de France sont imposables à l'IFI sur leurs biens situés en France (sauf conventions internationales).

2 Assiette

A. Base imposable

Immeubles bâtis et non bâtis et droits réels sur ces biens (usufruit, droit d'habitation et d'usage)	Titres de sociétés (à hauteur de la fraction de leur valeur représentative des immeubles détenus directement ou indirectement par la société, hors immobilier affecté à l'activité professionnelle)
Valeur vénale au 1er janvier	Valeur des titres au 1er janvier $\times \dfrac{\text{Valeur vénale de l'immobilier de la société}}{\text{Valeur vénale de l'actif de la société}}$

La **résidence principale** bénéficie d'un abattement de 30 %.

B. Exonérations

Biens immobiliers exclus	Commentaires
Immobilier inclus dans les participations de moins de 10 % (du capital ou des droits de vote) dans des sociétés opérationnelles	Vise toute activité industrielle, commerciale, artisanale, agricole ou libérale, les sociétés *holdings* animatrices mais pas les sociétés civiles (SCPI et FCPI). L'immobilier détenu *via* des placements boursiers est donc en pratique exclu de l'assiette.
Fraction représentative de l'immobilier professionnel des sociétés (destiné à une activité opérationnelle)	• L'exclusion vise l'immobilier affecté à l'activité profesionnelle détenu directement ou indirectement (*via* une autre société) dans une société opérationnelle. • Les immeubles mis à disposition ou donnés en location ne sont pas couverts par cette exclusion puisqu'ils ne sont pas affectés à l'activité professionnelle.

C. Passif déductible

Sont déductibles les dettes qui :

- existent au 1er janvier de l'année d'imposition et sont justifiées ;
- concernent des actifs imposables ;
- ont été contractées et sont effectivement supportées par le contribuable (ou un membre de son foyer fiscal) ;
- sont afférentes à une liste de dépenses limitativement fixées par la loi :
  - dépenses d'acquisition des biens imposables ou des titres (au prorata de la valeur des actifs immobiliers imposables),
  - dépenses de réparation, d'entretien, d'amélioration, de construction, de reconstruction ou d'agrandissement,
  - impositions relatives aux propriétés immobilières (taxes foncières, IFI lui-même), à l'exclusion des impôts liés à l'occupation des locaux ou aux revenus générés par ces biens (revenus fonciers ou BIC et prélèvements sociaux correspondants).

Il existe un **plafond** : lorsque la valeur vénale du patrimoine taxable est supérieure à 5 millions d'euros et que le montant des dettes dépasse 60 % de cette valeur, le montant des dettes excédant ce seuil n'est déductible qu'à hauteur de 50 % de cet excédent.

3 Calcul et déclaration

L'IFI est calculé une première fois sur le patrimoine estimé avant cette imposition. Puis cet IFI « provisoire » est ajouté au passif et le patrimoine ainsi réduit sert de base au calcul définitif de l'IFI.

A. Barème

Pour les contribuables dont le patrimoine excède 1 300 000 €, l'impôt se calcule à partir de 800 000 € de patrimoine, selon les taux ci-contre.

Fraction de la valeur nette du patrimoine	Taux applicable à la tranche
N'excédant pas 800 000 €	0,00 %
Comprise entre 800 000 € et 1 300 000 €	0,50 %
Comprise entre 1 300 000 € et 2 570 000 €	0,70 %
Comprise entre 2 570 000 € et 5 000 000 €	1,00 %
Comprise entre 5 000 000 € et 10 000 000 €	1,25 %
Supérieure à 10 000 000 €	1,50 %

B. Décote

Pour atténuer les effets de seuil, un système de **décote** est prévu pour les patrimoines nets taxables compris entre 1 300 000 € et 1 400 000 € : le montant de l'impôt est réduit de 17 500 – (1,25 % $\times$ *P*), *P* désignant le patrimoine net taxable.

C. Atténuations de l'IFI

Réduction au titre des dons à certains organismes	Les dons au profit de certains organismes ouvrent droit à une réduction d'IFI de 75 % des sommes versées, dans la limite de 50 000 €.
Plafonnement de l'IFI en fonction des revenus (pour les seuls contribuables résidents français)	Lorsque la somme de l'IFI, de l'IR et des prélèvements sociaux payés au cours de l'année N excède 75 % des revenus perçus en N–1 par le contribuable (nets de frais professionnels), l'IFI est réduit d'autant.

D. Déclaration et paiement

Le contribuable redevable doit porter :

- sur sa déclaration d'impôt sur le revenu, le montant de la valeur brute et nette de son patrimoine imposable ;
- sur un feuillet annexe, le détail de la composition et de la valorisation de ce patrimoine.

L'IFI est ensuite recouvré par **voie de rôle** distinct.

▸ Exemple

M. et Mme De Almeida ont 3 enfants dont un est encore à leur charge. M. De Almeida exploite une confiserie pour son propre compte. Mme De Almeida est présidente du directoire de la société anonyme DA. Elle détient 30 % du capital de cette entreprise et perçoit une rémunération annuelle de 160 000 € pour son travail à la tête de l'entreprise.
Ils sont à la tête du patrimoine suivant au 1er janvier N :

- Résidence principale à Toulouse : 836 000 €.
- Résidence secondaire à Montpellier : 6 660 000 €.
- Actions détenues dans la SA DA : 220 000 €. Cette société possède des immeubles pour une valeur de 50 000 €. Ils ne sont pas utiles à l'activité.
- Actions possédées dans diverses SA (il s'agit de placements boursiers divers) : 45 000 €.

– Actions détenues d'une valeur de 35 000 € (20 % du capital) dans une SA commercialisant des peluches. La valeur des biens immobiliers de cette entreprise est de 50 000 €. Cet immeuble abrite l'administration de la société.
– Dettes sur la résidence secondaire (capital et intérêts) : 4 497 900 €.
– Découvert bancaire : 1 800 €.
– Taxe foncière : 2 100 €.

Résidence principale : 836 000 × 70 %	585 200
Résidence secondaire	6 660 000
Immeuble détenu *via* les actions SA DA : ne peut bénéficier de l'exonération car l'immeuble n'est pas lié à l'activité. – valeur vénale des titres : 220 000 – valeur vénale des immeubles : 50 000 – valeur vénale de la société : 220 000 / 30 % × 100 % = 733 333 Montant imposable : 220 000 × 50 000 / 733 333	15 000
Actions de diverses SA : exonérées car placement boursiers	
L'immeuble de la SA Peluches est utilisé dans le cadre de l'activité, il est donc exonéré.	
Total de l'actif imposable	7 260 200
Dettes sur la résidence secondaire + taxe foncière (4 497 900 + 2 100) = 4 500 000 € Comme le patrimoine est supérieur à 5 M€, le montant des dettes déductibles entre dans le cadre du plafonnement : 4 500 000 > 7 260 200 × 0,6 donc toutes les dettes ne sont pas déductibles Dettes déductibles = plafond (patrimoine × 60 %) + 50 % de l'excédent : 7 260 200 × 60% = 4 356 120 (4 500 000 – 4 356 120) × 50% = 71 940 D'où total déductible = 4 356 120 + 71 940	4 428 060
Découvert bancaire : non déductible car non lié au patrimoine taxé	
Total du passif déductible	4 428 060

Assiette : 7 260 200 – 4 428 160 = 2 832 140 €
IFI brut : (1 300 000 – 800 000) × 0,5 % + (2 570 000 – 1 300 000) × 0,7 % + (2 832 140 – 2 570 000) × 1 % = 14 011 €
Base réelle : 2 832 140 – 14 011 = 2 818 129 €
IFI : (1 300 000 – 800 000) × 0,5 % + (2 570 000 – 1 300 000) × 0,7 % (2 818 129 – 2 570 000) × 1 % = 13 871 € ◂

LE ✚ DE L'EXPERT

L'IFI a remplacé l'ISF au 1er janvier 2018. La différence entre les deux impôts tient essentiellement à l'assiette : l'IFI ne porte plus que sur les biens immobiliers.

46 Droits d'enregistrement : cas général

Mots-clés

Fonds de commerce • Opération soumise à la TVA • Opération soumise aux droits d'enregistrement

1 Principes généraux de l'enregistrement

Dans le cadre fiscal, le mot « enregistrement » désigne un impôt et une formalité.

A. Formalité

Les actes soumis aux droits d'enregistrement doivent être enregistrés dans un délai d'un mois après la réalisation de l'opération (2 mois pour les opérations immobilières).

Elle donne une date de référence aux actes sous seing privé (cession d'immeuble, etc.).

B. Impôt

Les droits d'enregistrement s'appliquent à certaines mutations (avec ou sans contrepartie : mutations à titre onéreux ou gratuit), certaines opérations juridiques, certains actes.

Les droits applicables peuvent être fixes, proportionnels ou progressifs. En cas de cumul de plusieurs droits, seul le plus élevé d'entre eux est perçu.

Certaines cessions sont soumises à la TVA, qui se substitue alors totalement ou partiellement aux droits d'enregistrement.

Les droits incombent à l'acquéreur, mais le cédant est solidaire du paiement.

La déclaration et le paiement des droits se font au moment de la formalité à la recette des impôts concernée.

Les droits d'enregistrement sont perçus au profit de l'État. Certaines taxes sont perçues au profit des communes, des régions et d'organismes divers.

Au programme du DCG ne sont évoqués que les droits d'enregistrement sur cessions à titre onéreux (ventes).

2 Ventes d'immeubles

Certaines opérations sont soumises à la TVA immobilière ; il s'agit des cessions réalisées par un assujetti :
- soit d'un terrain à bâtir ou d'un immeuble achevé depuis moins de 5 ans (cession soumise à la TVA de plein droit) ;
- soit d'un autre bien immobilier, sur option (mention expresse dans l'acte de cession).

A. Principe

Si la TVA s'applique (↪ fiche 3), les droits d'enregistrement sont appliqués au taux réduit de 0,715 %.

Si la TVA ne s'applique pas, les droits d'enregistrement sont appliqués comme suit, au taux normal, qui dépend de la localisation du bien :

Taxe départementale	Taxe communale	Prélèvement pour frais	Total
3,8 % ou 4,50 %	1,2 %	2,37 % × Droit départemental	De 5,09 % ou 5,80 %

B. Synthèse des droits applicables en pratique

Opération	Situation au regard de la TVA (due par le vendeur)	Droits d'enregistrement applicables (dus par l'acquéreur, calculés sur la base de la valeur vénale du bien)
Acquisition auprès d'un assujetti à la TVA : • d'un terrain à bâtir • d'un immeuble achevé depuis moins de 5 ans	Cessions soumises de plein droit à la TVA	Droits de mutation au taux réduit
• d'un terrain autre qu'un terrain à bâtir • d'un immeuble achevé depuis plus de 5 ans	Cessions pouvant être soumises à la TVA sur option (mention expresse dans l'acte)	Droits de mutation de droit commun (ou au taux réduit pour les cessions soumises sur option à la TVA, sur engagement du professionnel à construire/revendre le bien dans les 5 ans)
Autre mutation à titre onéreux d'immeubles (essentiellement ventes réalisées par des particuliers)	Cessions non soumises à TVA	Droits de mutation de droit commun

▸Exemple

Un immeuble de plus de 5 ans est vendu 500 000 € par un particulier dans un département ayant fixé sa taxe à 3,80 %.

Calcul des droits applicables

– Taxe départementale : 500 000 × 3,80 % = 19 000
– Taxe communale : 500 000 × 1,2 % = 6 000
– Frais d'assiette : 500 000 × (3,80 % × 2,37 %) = 450
Total = 25 450 (ou 500 000 × 5,09 %)

Si la cession est réalisée par un assujetti à la TVA

– s'agissant d'un immeuble de plus de 5 ans, la cession n'est en principe pas soumise à TVA. Les droits applicables sont identiques. Le vendeur doit par ailleurs effectuer une régularisation de TVA (↪ fiche 9) ;
– si la cession est soumise à la TVA sur option, la vente est soumise aux droits d'enregistrement au taux réduit de 0,715 % (et le vendeur n'a pas de régularisation de TVA à effectuer). ◂

3 Ventes de fonds de commerce

A. Éléments composant le fonds de commerce

La valeur du fonds de commerce est composée :

- d'éléments incorporels : clientèle, droit au bail, nom commercial, etc. ;
- d'éléments corporels : matériel, mobilier, approvisionnements, marchandises neuves.

Les dettes et créances ne sont pas intégrées dans son évaluation, les marchandises neuves sont soumises à TVA (et non aux droits d'enregistrement).

Remarque : la cession peut ne porter que sur la clientèle seule mais, sans cession de clientèle, il ne s'agit pas de la cession d'un fonds de commerce.

B. Tarif applicable

Des taux progressifs s'appliquent avec un minimum de perception de 25 €.

Fraction du prix	Inférieure à 23 000 €	Comprise entre 23 000 € et 200 000 €	Supérieur à 200 000 €
Taux d'imposition total	0 %	3,00 %	5,00 %

▸ Exemple

M. Lamarche vend, pour 1 350 000 €, un fonds de commerce. Ce prix comprend :

– des éléments incorporels : 1 040 000 €
– des équipements : 260 000 €
– des produits destinés à la revente : 50 000 €

Calcul des droits applicables

– Marchandises : 50 000 €, soumises à TVA donc sans droits d'enregistrement
– Fonds de commerce soumis en lui-même aux droits d'enregistrement sur la base de sa valeur globale (1 040 000 € + 260 000 €) = 1 300 000 €.
Droits applicables : 3 % (199 999 – 23 000) + 5 % (1 300 000 – 200 000) = 60 310 €. ◂

4 Ventes de droits sociaux

Les droits de mutation applicables aux cessions de titres dépendent de la nature de ces derniers, que la cession soit ou non matérialisée dans un acte authentique.

Droits de mutations selon la nature des titres

	Droits de mutation applicables
Actions	• **0,1 %** du prix de vente • Mais, pour les titres de sociétés cotées, les cessions non constatées par un acte (non obligatoire) ne sont pas imposées.
Parts sociales (SARL, EURL, sociétés civiles, SNC, etc.)	**3 %** du prix de vente avec un abattement de 23 000 € qui s'applique au prorata du pourcentage de parts sociales cédées, soit : 3 % × [Montant de la cession – 23 000 × (Nombre de parts cédées / Nombre total de parts de la société)]

▶ **Exemple**

M. Nougat acquiert en juin N différents titres :
- pour 24 000 €, 30 % des parts de la société Omega ;
- pour 36 000 €, 60 % des actions de la SA Belflora, non cotée en bourse ;
- pour 1 170 000 €, 9 000 des 10 000 actions représentant le capital de la société Multiéco, non cotée en Bourse, qui exploite un supermarché ;
- pour 1 600 000 €, des actions de diverses sociétés cotées.

Calcul des droits applicables

- Parts SARL Omega soumises aux droits d'enregistrement : 3 % × (24 000 – 23 000 × 30 %) = 513 €.
- Actions SA Belflora soumises aux droits d'enregistrement : 0,1 % × 36 000 = 36 €.
- Société Multiéco soumise aux droits d'enregistrement : 0,1 % × 1 170 000 = 1 170 €.
- Actions cotées non soumises aux droits d'enregistrement. ◀

5 Autres ventes

Les cessions de brevets sont soumises à un droit fixe de 125 €, non perçu si l'acte engendre des droits plus élevés.

Les cessions d'espèces et assimilés ne sont soumises à aucun droit, sauf le droit fixe de 125 € en cas d'enregistrement volontaire.

LE ✚ DE L'EXPERT

- Les droits d'enregistrement sont dus par l'acquéreur d'un bien. De son côté, le vendeur peut être redevable d'une imposition si une plus-value est dégagée.
- Vous devez maîtriser les règles applicables en matière de TVA afin de déterminer l'impôt applicable et les conséquences pour chacune des parties (acquéreur et vendeur), notamment en matière de ventes d'immeubles.

47 Droits d'enregistrement : cas des apports en société

Mots-clés

Apport à titre onéreux • Apport à titre pur et simple • Apport mixte • Apport soumis à la TVA • Apport soumis aux droits d'enregistrement

1 Apports soumis à la TVA

Certains apports peuvent être soumis à la TVA. Dans ce cas, la TVA se substitue à une imposition totale aux droits d'enregistrement.

Cas particuliers des apports imposés à la TVA

- Terrains à bâtir et immeubles soumis à la TVA immobilière
- Apports de marchandises neuves
- Biens mobiliers d'investissement isolés dont l'entreprise apporteuse avait récupéré totalement ou partiellement la TVA au moment de l'acquisition
- Certains apports en société déjà réalisés portant sur l'ensemble d'une entreprise ou d'une branche d'activité

Les autres apports sont soumis à des droits d'enregistrement, selon leur nature fiscale. Ils font l'objet de nombreuses mesures d'atténuation.

2 Imposition aux droits d'enregistrement

A. Généralités

Fiscalement, il existe trois types d'apports :

- **Apports à titre pur et simple** : l'apporteur reçoit des parts sociales ou des actions en contrepartie de ses apports.
- **Apports à titre onéreux** : l'apporteur ne reçoit pas, en contrepartie de son apport, de droits sociaux. La société prend en charge un passif ou achète un bien. Ce type d'apport est assimilable à une vente.
- **Apports mixtes** : l'apport est réalisé en partie à titre onéreux et en partie à titre pur et simple (ex. : apport d'un immeuble de 100 000 € avec paiement du reste de l'emprunt de 60 000 € réparti comme suit : 40 000 € à titre pur et simple et 60 000 € à titre onéreux).

Les barèmes applicables dépendent du type d'apports.

▶ **Exemple**

M. Didier apporte son entreprise individuelle, afin de participer à la création d'une société anonyme. Cette entreprise est apportée pour les valeurs indiquées au bilan ci-après.

Actif		Passif	
Immeuble Matériel et outillage Stocks de marchandises Clientèle	890 000 250 000 85 000 136 000	Capital Emprunts Fournisseurs	1 000 000 222 000 139 000
Total	1 361 000	Total	1 361 000

L'apport est à titre pur et simple pour 1 000 000 € et à titre onéreux pour 361 000 €, puisqu'une partie de l'actif doit servir à rembourser les emprunts (222 000 €) et à payer les fournisseurs (139 000 €). ◂

B. Apports purs et simples

<table>
<tr><td rowspan="3"></td><th colspan="3">Société soumise à l'IS</th><th>Société non soumise à l'IS</th></tr>
<tr><th colspan="2">Apporteur non soumis à l'IS</th><th rowspan="2">Apporteur soumis à l'IS</th><th rowspan="2">Apporteur soumis ou non à l'IS</th></tr>
<tr><th>Ne s'engage pas à garder les titres au moins 3 ans</th><th>S'engage à garder les titres au moins 3 ans</th></tr>
<tr><th>Fonds de commerce (éléments corporels et incorporels)</th><td>Fraction du prix :
• inférieure à 23 000 € : 0 %
• comprise entre 23 000 € et 200 000 € : 3 %
• supérieur à 200 000 € : 5 %</td><td rowspan="4">Exonération</td><td rowspan="5">Exonération</td><td rowspan="5">Exonération</td></tr>
<tr><th>Immeubles, compris dans l'apport et affectés à l'exploitation</th><td>5 %[1]</td></tr>
<tr><th>Brevets</th><td>125 €</td></tr>
<tr><th>Autres biens et assimilés (dont apports en numéraire)</th><td>Exonération</td></tr>
<tr><th>Immeubles isolés</th><td>5 %[1]</td><td>5 %</td></tr>
</table>

[1] Sauf si l'apport de l'immeuble est soumis à la TVA immobilière.

C. Apports à titre onéreux

Les apports à titre onéreux sont assimilables à des cessions. En conséquence, il leur est appliqué le même taux d'imposition que pour une mutation (↪ fiche 46), sauf en cas d'apport en société d'une entreprise individuelle et si l'apporteur s'engage à conserver les titres reçus au moins 3 ans (exonération).

D. Apports mixtes

Lorsque l'apport d'un associé est effectué à titre mixte, la société a la possibilité de désigner, dans l'acte de constitution, les biens apportés à titre onéreux et les biens apportés à titre pur et simple.

Faute de désignation par la société, l'administration considère que chaque bien est apporté pour partie à titre onéreux et pour partie à titre pur et simple. Elle effectue alors un calcul au prorata de chacun de ces deux types d'apports.

▸ Exemple

La société anonyme Bara est constituée le 15 mars N avec un capital de 1 000 000 € divisé en 10 000 actions de 100 €.

Les créateurs de cette nouvelle société réalisent les apports suivants :

- la SARL Koa apporte un immeuble à usage professionnel acquis il y a 13 ans : 200 000 € grevé d'une hypothèque de 50 000 € ;
- M. Arnaud apporte son entreprise individuelle résumée par le bilan ci-dessous :

Actif		Passif	
Immeuble construit en N–26	150 000	Capital	140 000
Clientèle	40 000	Dettes à long terme	90 000
Droit au bail	30 000	Fournisseurs	70 000
Matériels et outillage	48 000		
Créances	32 000		
Total	300 000	Total	300 000

Les biens sont apportés pour les valeurs figurant au bilan. L'immeuble apporté sera affecté à l'exploitation future de l'entreprise :

- M. Najoua apporte un immeuble de bureau pour 180 000 €. Cet immeuble a été achevé en N–1, c'est sa première mutation.
- Cinq autres actionnaires apportent le solde en numéraire.

Les actionnaires prennent l'engagement de conserver leurs titres pendant 3 ans.

Détermination des droits dus à la constitution de la société

Apporteurs	Apports (€)	Valeur (€)	Type (TO / PS)[1]	Taux (%)	Droits dus (€)
SARL Koa	Immeuble	150 000 50 000	PS TO	0 5	2 500
M. Arnaud	Entreprise individuelle	140 000 160 000	PS TO	0 (car apport d'une entreprise individuelle avec reprise de passif)	
M. Najoua	Immeuble	180 000	PS	TVA	
Autres	Numéraire	530 000	PS	0	
Total					**2 500**

[1] TO : à titre onéreux ; PS : à titre pur et simple.

LE + DE L'EXPERT

Lors de l'apport d'un bien en contrepartie de la reprise d'une dette, il convient de ventiler ainsi les apports :

- L'apport à titre onéreux correspond au montant de la dette reprise lors de l'apport.
- L'apport à titre pur et simple correspond à la différence entre la valeur du bien apporté et le montant de la dette reprise.

Il s'agit alors d'un apport mixte.

48 Taxes foncières

Mots-clés

Impôts locaux • Taxe foncière sur les propriétés bâties • Taxe foncière sur les propriétés non bâties

Les taxes foncières sont, comme la contribution économique territoriale (↳ fiche 49), des **impôts locaux**.

Les taxes foncières sont composées de deux taxes distinctes :
- la **taxe foncière sur les propriétés bâties** ;
- la **taxe foncière sur les propriétés non bâties**.

1 Taxe foncière sur les propriétés bâties

La taxe foncière sur les propriétés bâties est due par les propriétaires au 1er janvier de l'année d'imposition de certaines constructions situées en France.

Biens imposables à la taxe foncière sur le bâti et modalités de calcul

Biens imposables	Il s'agit, en principe, de toutes les propriétés et certains terrains (qui forment une dépendance de constructions imposables, les terrains affectés à un usage industriel ou commercial, etc.) situés en France.
Biens exonérés	• Exonérations permanentes : – bâtiments publics de l'État ou des collectivités territoriales, sauf s'ils sont affectés à une activité industrielle ou commerciale ; – bâtiments ruraux affectés à un usage agricole (grange, écuries, etc.) ; – certains biens appartenant aux entreprises industrielles ou commerciales : outillages, installations et autres biens d'équipement, immobilisations destinées à la production d'électricité d'origine photovoltaïque (panneaux solaires). • Exonérations temporaires : sur choix des collectivités, certains immeubles professionnels ou privés.
Personnes exonérées	Des exonérations visent les personnes propriétaires de biens : – titulaires de l'allocation solidarité aux personnes âgées ou de l'allocation supplément d'invalidité ; – personnes de plus 75 ans dont le revenu fiscal de l'année précédente n'excède pas certaines limites.
Base de calcul	• La taxe est calculée sur 50 % de la valeur locative cadastrale fixée par l'administration. • La taxe foncière sur les habitations principales est plafonnée en fonction du revenu des contribuables.
Taux	Ils sont fixés par les différentes collectivités concernées. Des frais de gestion s'ajoutent. Le calcul est réalisé par l'administration fiscale.
Paiement	Il est réclamé par avis d'imposition adressé au contribuable.

2 Taxe foncière sur les propriétés non bâties

La taxe foncière sur les propriétés non bâties concerne en principe l'imposition des terrains de toute nature, situés en France, sous réserve d'exonérations.

Biens imposables à la taxe foncière sur le non-bâti et modalités de calcul

Biens imposables	Il s'agit de toutes les propriétés non bâties situées en France : terrains, carrières, mines, étang, etc.
Biens exonérés	• Propriétés et voies publiques (routes, cimetières, etc.). • Terres appartenant à certaines associations. • Sols et terrains passibles de la taxe foncière sur les propriétés bâties.
Base de calcul	La taxe est calculée sur 80 % de la valeur locative cadastrale fixée par l'administration.
Taux	Ils sont fixés par les différentes collectivités concernées. Des frais de gestion s'ajoutent. Le calcul est fait par l'administration.
Paiement	Il est réclamé par avis d'imposition adressé au contribuable.

LE + DE L'EXPERT

L'autre impôt local important est la taxe d'habitation, frappant les occupants des locaux (et non leur propriétaire comme les taxes foncières). Elle est en voie de suppression et n'est donc plus au programme du DCG.

49 Contribution économique territoriale (CET)

Mots-clés

Cotisation foncière des entreprises • Cotisation sur la valeur ajoutée des entreprises • Valeur ajoutée

La contribution économique territoriale (CET) est, comme les taxes foncières (↪ fiche 48), un impôt local perçu annuellement par les collectivités territoriales.

La CET comprend deux éléments distincts :

- la **cotisation foncière des entreprises** (CFE) ;
- la **cotisation sur la valeur ajoutée des entreprises** (CVAE).

1 Cotisation foncière des entreprises (CFE)

Champ d'application	La CFE vise toutes les activités : – exercées à titre professionnel ; – non salariées ; – présentant un caractère habituel ; – exercées en France.
Exonérations	• De plein droit : – activités artisanales (artisans travaillant seuls) ou assimilées (taxis, pêcheurs, etc.) ; – exploitants agricoles ; – certaines activités non commerciales ; – collectivités publiques ; – certaines activités commerciales : activités de presse, coopératives ouvrière de production ; – redevables réalisant un CA ou des recettes inférieurs ou égaux à 5 000 € (depuis 2019). • Sous certaines conditions et plafonds : exonérations décidées par les collectivités territoriales dans certaines zones ou pour certaines activités.
Assiette	• L'assiette est constituée de la valeur locative des biens passibles de la taxe foncière, en tenant compte de tous les biens utilisés par l'entreprise (acquis ou loués ou pris en crédit-bail ou utilisés gratuitement). • Un abattement de 30 % est appliqué sur la valeur locative des établissements industriels. • La période de référence à retenir pour déterminer les bases de la CFE est l'avant-dernière année civile précédant celle de l'imposition : les entreprises déclarent en N, pour l'imposition de N–1, les valeurs locatives des biens passibles de la taxe foncière N–3. • Des réductions spécifiques s'appliquent à certaines professions.
Calcul	• Calcul réalisé par l'administration fiscale. • Base d'imposition × Taux d'imposition fixés par les collectivités territoriales + Frais de gestion s'élevant à 3 % de la CFE. • Cotisation minimale due en fonction du chiffre d'affaires et selon fourchette fixée par le conseil municipal.
Établissement	• CFE due pour l'année entière par le redevable exerçant l'activité au 1er janvier. • Montant établi sur la base d'une déclaration annuelle dans chaque commune où le redevable dispose de locaux ou de terrains.

Paiement

- Recouvrement par voie de rôle.
- Paiement obligatoirement dématérialisé.
- Deux formes de recouvrement :
  – régime de droit commun : paiement avant le 15 juin de l'année courante d'un acompte égal à 50 % de la CFE de l'année précédente (si la CFE était au moins égale à 3 000 €) ; paiement du solde de la cotisation annuelle au 15 décembre ;
  – régime de la mensualisation, optionnel : 10 mensualités calculées sur la base de la CFE de l'année précédente + 2 mensualités de régularisation en novembre et décembre.

2 Cotisation sur la valeur ajoutée des entreprises (CVAE)

Champ d'application

- La CVAE vise les personnes imposables à la CFE dont le chiffre d'affaires réalisé au cours de la période de référence excède 152 000 €.
- Mais l'application de dégrèvements (*voir ci-après*) exonère de fait les entreprises réalisant un CA < 500 000 € HT.
- Exonérations identiques à celles de la CFE.

Assiette

L'assiette est constituée de la valeur ajoutée produite par l'entreprise :

- CA = produits des ventes et des prestations de services + produits de la concession de brevets + plus-values de cession d'immobilisations se rapportant à une activité normale ;
- VA = excédent HT de la production sur les consommations de biens et de services en provenance de tiers (hors valeur ajoutée provenant d'activités hors du champ d'application de la CVAE). La VA ne peut excéder :
  – 80 % du CA pour contribuables dont CA ≤ 7 600 000 € ;
  – 85 % du CA pour contribuables dont CA > 7 600 000 €.

Calcul

- Taux applicable : 0,75 % (1,5 % jusqu'en 2020) en principe.
- Différents dégrèvements s'appliquent, conduisant à des taux variables selon les tranches :

Chiffre d'affaires HT (CAHT)	Taux effectif d'imposition(1)
CAHT < 500 000 €	0 %
500 000 € ≤ CAHT ≤ 3 000 000 €	0,25 % × (CAHT – 500 000 €) / 2 500 000 €
3 000 000 € < CAHT ≤ 10 000 000 €	0,45 % × (CAHT – 3 000 000 €) / 7 000 000 € + 0,25 %
10 000 000 € < CAHT ≤ 50 000 000 €	0,05 % × (CAHT – 10 000 000 €) / 40 000 000 € + 0,7 %
CAHT > 50 000 000 €	0,75 %

- Les petites entreprises (CA < 2 M€) bénéficient d'un dégrèvement de 500 €.
- LA CVAE due par les entreprises dont le CA dépasse 500 000 € ne peut être inférieure à 125 €.
- S'ajoutent des frais de gestion liés à la fiscalité locale.

Établissement

- Impôt dû en principe par le redevable qui exerce l'activité au 1er janvier.
- Déclaration dématérialisée due par les sociétés dont CA supérieur à 152 500 € (formulaire simplifié entre 152 500 et 500 000 € de CA). Déclaration à déposer avant le 1er mai N+1 et pour chaque commune où les entreprises disposent d'établissements.
- Les autres entreprises n'ont rien à déclarer.

Paiement

- Impôt acquitté spontanément par l'entreprise par télérèglement.
- Les entreprises, dont la CVAE est supérieure à 1 500 € l'année précédente, doivent verser deux acomptes de 50 % de la CVAE de l'année précédente au 15 juin et au 15 septembre de l'année d'imposition.

(1) Taux applicable à compter de 2021.

3 Plafonnement de la CET en fonction de la valeur ajoutée

La contribution économique territoriale peut être, sur demande du contribuable, plafonnée à 2 % (3 % jusqu'en 2020) de la **valeur ajoutée**, quelle que soit la nature de l'activité de l'entreprise.

Ce plafonnement prend la forme d'un dégrèvement de CET pour le montant qui excède 2 % de la valeur ajoutée, qui s'impute sur cette cotisation.

Il s'applique à la fois sur la CFE et la CVAE, déduction faite des réductions ou dégrèvements dont le contribuable a pu bénéficier, mais ne peut être imputé sur les frais de chambre de commerce, ni sur la cotisation minimum de CFE.

▶ Exemple

La PME industrielle Alliot a réalisé un chiffre d'affaires de 9 millions d'euros pour la période de référence. Sa valeur ajoutée s'élève à 3,50 millions d'euros pour la même période. Elle possède une usine et des terrains dont la valeur locative est de 300 000 €, ainsi que des équipements et matériels industriels pour 1,5 million d'euros.
Le taux local d'imposition à la CFE est de 20 % et celui de la CVAE est de 0,64 %.

CVAE

La CVAE s'élève à : 3 500 000 × 0,64 % = 22 400 €.

CFE

Pour le calcul de la CFE, il ne faut retenir que les valeurs locatives des immobilisations passibles de la taxe foncière dont l'entreprise est propriétaire. On ne retient donc pas la valeur des équipements et matériels.
L'entreprise est industrielle, ce qui lui permet de bénéficier d'un abattement de 30 % sur sa valeur locative.
La CFE s'élève donc à 300 000 × 70 % × 20 % = 42 000 €.
À ce montant s'ajoutent les frais de gestion de 3 % : 42 000 × 3 % = 1 260. D'où une imposition totale de 42 000 + 1 260 = 43 260 €.

CET

La CET est égale à la somme de la CFE et de la CVAE : 22 400 + 43 260 = 65 660.
Il convient de déterminer l'éventuel plafonnement.
2 % de la valeur ajoutée représentent 2 % × 3 500 000 = 70 000 €.
Ceci est supérieur au montant de la taxe calculée.
Le plafonnement en fonction de la valeur ajoutée ne peut jouer ici. ◀

LE ✚ DE L'EXPERT

Le calcul de la valeur ajoutée permettant de déterminer l'assiette de la CVAE est identique à celui abordé dans l'UE 6 de finance d'entreprise (solde intermédiaire de gestion – SIG).

50 Taxe sur les salaires

Mots-clés

Rémunérations versées • Taxe sur les salaires

La **taxe sur les salaires** est assise sur le montant des **rémunérations versées**, comme les « taxes assises sur les salaires » (↪ fiche 51) avec lesquelles elle ne doit cependant pas être confondue.

Périmètre et calcul de la taxe sur les salaires

<table>
<tr><td>Champ d'application</td><td>• Toute personne physique ou morale, domiciliée ou établie en France, distribuant des traitements et salaires si 90 % au moins de ses recettes ne sont pas soumises à TVA.
• Sont exonérés :
– les employeurs dont le chiffre d'affaires annuel n'excède pas les limites d'application de la franchise en base de TVA (↪ fiche 3) ;
– l'État, les collectivités territoriales, certains établissements publics d'enseignement supérieur et de coopération culturelle.</td></tr>
<tr><td>Assiette</td><td>Base imposable : toutes les rémunérations brutes payées, y compris les avantages en nature, mais hors revenus de remplacement versés par l'employeur (prestations de sécurité sociale…). Certaines rémunérations sont exonérées, notamment les allocations de chômage.</td></tr>
<tr><td>Taux</td><td>• Taxe caculée selon un barème progressif :
<table><tr><th>Tranche</th><th>Taux applicable</th></tr><tr><td>Totalité du salaire</td><td>4,25 %</td></tr><tr><td>Fraction du salaire comprise entre 8 020 € et 16 013 €</td><td>8,50 % (majoration de 4,25 %)</td></tr><tr><td>Fraction du salaire au-delà de 16 013 €</td><td>13,60 % (majoration de 9,35 %)</td></tr></table>• Abattement de 21 086 € (pour 2021) applicable pour les associations, les syndicats professionnels, les mutuelles employant moins de 30 salariés et certains regroupements de coopération.</td></tr>
<tr><td>Franchise</td><td>Dispense de paiement si taxe < 1 200 €.</td></tr>
<tr><td>Décote</td><td>Si 1 200 € < Taxe annuelle exigible < 2 040 € :
Décote = 75 % × (2 040 € – Taxe exigible).</td></tr>
</table>

<table>
<tr>
<td>Déclaration et paiement</td>
<td>
• Télédéclaration et télépaiement spontanés obligatoires.
• Périodicité de paiement selon le montant de la taxe N–1 :
<table>
<tr><th>Taxe acquittée en N–1</th><th>Périodicité des paiements de la taxe N</th></tr>
<tr><td>Taxe ≤ 4 000 €</td><td>Paiement annuel, dans les 15 premiers jours de l'année suivant celle du paiement des rémunérations</td></tr>
<tr><td>4 000 € < Taxe ≤ 10 000 €</td><td>Paiement trimestriel (15 premiers jours du trimestre suivant celui du paiement des rémunérations)</td></tr>
<tr><td>Taxe > 10 000 €</td><td>Paiement mensuel (15 premiers jours du mois suivant celui du paiement des rémunérations)</td></tr>
</table>
</td>
</tr>
<tr>
<td>Déclaration et régularisation annuelle</td>
<td>La déclaration annuelle de liquidation et régularisation de taxe sur les salaires doit être déposée le 15 janvier de l'année qui suit celle au titre de laquelle la taxe est due.</td>
</tr>
</table>

Les employeurs dont les recettes de l'année sont partiellement taxables à la TVA et dont les recettes de l'année précédente étaient taxables à la TVA à moins de 90 % sont imposés partiellement à la taxe sur les salaires.

▸ Exemple

L'entreprise Milk a versé au titre de l'année N les rémunérations brutes suivantes à ses deux salariés :

– 1er salarié : 15 000 € ;

– 2e salarié : 36 000 € ;

Les recettes de cette entreprise ne sont pas soumises à TVA.

Calcul de la taxe sur les salaires pour les deux salariés

Salarié 1	4,25 % × 8 020 = 340,85 € 8,50 % × (15 000 – 8 020) = 593,30 € Total = 934,15 €	Ou	4,25 % × 15 000 = 637,50 € 4,25 % × (15 000 – 8 020) = 296,65 € Total = 934,15 €
Salarié 2	4,25 % × 8 020 = 340,85 € 8,50 % × (16 013 – 8 020) = 679,40 € 13,60 % × (36 000 – 16 013) = 2 718,23 € Total = 3 738,48 €	Ou	4,25 % × 36 000 = 1 530 € 4,25 % × (16 013 – 8 020) = 339,70 € 9,35 % (36 000 – 16 013) = 1 868,78 € Total = 3 738,48 €

Le total de la taxe due est supérieur à 1 200 € ; la taxe devra donc être acquittée. ◂

LE + DE L'EXPERT

Le taxe sur les salaires vise surtout les secteurs exonérés de TVA (banques, assurances, etc.) et des entités totalement ou partiellement hors champ (associations, holdings financières, etc.).

51 Taxes assises sur les salaires

Mots-clés

Contribution au développement de la formation professionnelle continue • Investissement obligatoire dans la construction • Taxe d'apprentissage

Comme la taxe sur les salaires (↪ fiche 49), ces taxes sont basées sur le montant des rémunérations. Elles peuvent être acquittées comme des taxes ou, pour tout ou partie, faire l'objet de dépenses libératoires.

1 Contribution unique à la formation professionnelle et à l'alternance (CUFPA)

La contribution unique à la formation professionnelle et à l'alternance est composée de deux régimes de financement (qui correspondent à deux contributions antérieurement distinctes, légèrement réaménagées) :

- la **taxe d'apprentissage** (TA) et, pour certains employeurs, la contribution supplémentaire à l'apprentissage (CSA) ;
- la **contribution** des employeurs **au développement de la formation professionnelle continue** (CFP).

	Taxe d'apprentissage (TA et CSA)	Contribution à la formation professionnelle continue (CFP)
Entreprises assujetties	Toutes les sociétés à l'IS ou l'IR sauf : certaines petites sociétés employant des apprentis, les sociétés d'enseignement et certains groupements d'employeurs agricoles.	Tous les employeurs domiciliés en France sauf : l'État, les collectivités locales et leurs établissements administratifs. Les particuliers employeurs sont soumis à un régime particulier.
Assiette	Rémunérations brutes versées (sauf tout ou partie des salaires des apprentis).	
Taux applicable	0,68 %.	• 0,55 % si < 11 salariés. • 1 % si ≥ 11 salariés.
Destination et paiement	• Deux fractions : – 87 % ⇒ financement de l'apprentissage, somme recouvrée par les Urssaf, puis reversée à France Compétences[1] ; – 13 % ⇒ développement des formations initiales technologiques et professionnelles, hors apprentissage. L'entreprise peut imputer sur cette fraction des dépenses libératoires effectuées. • Régularisation du montant dû au titre des dépenses libératoires, avant avril N+1, et pour le double du montant dû.	• Financement de l'alternance, du conseil en évolution professionnelle, du développement des compétences, de la formation des demandeurs d'emploi et du compte personnel de formation. • Sommes recouvrées par les Urssaf puis reversées à France Compétences[1] (auparavant aux OPCA).

	Taxe d'apprentissage (TA et CSA)	Contribution à la formation professionnelle continue (CFP)
Contribution supplémentaire à l'apprentissage (CSA)	• Si > 250 salariés et < de 5 % de salariés sous contrats favorisant l'insertion (contrat d'apprentissage, de professionnalisation, etc.). • Même base de calcul que TA. • Le taux modulé selon la proportion contrats visés (de 0,05 % à 0,4 %). • Réduction selon le pourcentage d'alternants.	–

(1) À compter de 2022.

2 Investissement obligatoire dans la construction

Entreprises assujetties	Employeurs établis ou domiciliés en France, employant 20 salariés au moins au 31 décembre de l'année civile écoulée, tous établissements confondus.
Assiette	Salaires payés au cours de l'exercice précédent (base Sécurité sociale).
Taux	0,45 %.
Dépenses libératoires	Versements à des organismes collecteurs ou investissements directs.
Paiement	• En cas d'insuffisance ou d'absence d'investissement, l'employeur est redevable d'une cotisation de 2 % du montant des salaires correspondant à cette insuffisance, déductible du résultat fiscal de l'entreprise. • Cette cotisation doit être acquittée spontanément par l'employeur au plus tard le 30 avril de l'année suivante.

LE + DE L'EXPERT

• Il ne vous est pas demandé une maîtrise parfaite de ces différentes taxes (taux, réduction, nombre de salariés) mais d'être capable d'expliquer leur fonctionnement.
• Les taxes relatives à la formation et à l'alternance ont été considérablement réformées à compter de 2019. Les nouvelles règles sont mises en œuvre progressivement.

52 Contrôle fiscal : cadre et principes

Mots-clés

Avis de vérification • Charte du contribuable • Délai de reprise • Droit de communication • Flagrance fiscale • Garantie du contribuable • Prescription • Rescrit fiscal

1 Délai de reprise et prescription

Définition

Fixé par la loi, le **délai de reprise** est la période pendant laquelle l'administration fiscale peut intervenir, pour contrôler ou corriger des insuffisances ou des omissions dans les déclarations des contribuables.

Le délai de reprise, qui fixe la **prescription** des opérations, varie selon la nature de l'impôt.

Délai de reprise selon la nature de l'impôt

	Expiration du délai de reprise
Impôts directs perçus par l'État (impôt sur le revenu, impôt sur les sociétés et taxes assimilées, retenues à la source sur les revenus de capitaux mobiliers, taxe sur les salaires, etc.)	Fin de la 3e année suivant celle au titre de laquelle l'impôt est dû (3 ans + fin de l'année en cours). Ex. : l'impôt sur le revenu 2021 (déclaré en 2022) est vérifiable jusqu'au 31 décembre 2024.
Impôts directs perçus par les collectivités locales (contribution économique territoriale, impôts locaux, etc.)	• La CET est vérifiable avec les mêmes délais que les impôts directs perçus par l'État. • Les taxes foncières et d'habitation sont vérifiables jusqu'à la fin de l'année suivant celle d'imposition (pas de prescription en cas d'absence de déclaration).
Taxe sur le chiffre d'affaires et taxe sur les véhicules des sociétés	Fin de la 3e année suivant celle au titre de laquelle l'impôt est dû (3 ans + fin de l'année en cours). Ex. : les ventes de janvier 2021 sont vérifiables jusqu'au 31 décembre 2024.
Droits d'enregistrement et IFI	• Si l'opération visée est déclarée : 3 ans. • En l'absence de déclaration ou si un bien a été omis sur une déclaration : 6 ans à compter du fait générateur.

2 Moyens d'information à la disposition de l'administration

Pour compléter les informations dont elle dispose par ailleurs, l'administration fiscale dispose de divers moyens, notamment le **droit de communication** et la procédure dite de **flagrance fiscale**.

Exercice de ses moyens d'information par l'administration fiscale

	Modalités
Demandes adressées au contribuable	• On distingue – la demande d'éclaircissement : commentaires ou informations sur les mentions portées sur les déclarations du contribuable ; – la demande de justification : production de documents sur certains éléments des déclarations de revenus du contribuable limitativement prévus. • Ces demandes précisent un délai de réponse qui ne peut être inférieur à 2 mois. En cas de réponse insuffisante, l'administration peut demander au contribuable de la compléter, dans un nouveau délai de 30 jours. • Le défaut ou l'insuffisance de réponse peut entraîner la taxation d'office.
Droit de communication	• Auprès de personnes physiques ou morales ayant la qualité de commerçant, banques, tribunaux, organismes de sécurité sociale et administrations publiques, de l'autorité de contrôle prudentiel et de résolution, de l'Autorité des Marchés Financiers, etc. • Porte sur tous justificatifs de moins de 6 ans. • Sans formalisme particulier, sur place, par correspondance ou par voie électronique. • Le refus de communiquer est sanctionné d'une amende de 10 000 €.
Procédures d'enquête et de perquisition	• Droit de visite et de saisie : en cas de fraude présumée en matière d'impôts directs et TVA, sous contrôle judiciaire et conditions strictes, même au domicile ; il a pour but de permettre à l'administration de collecter des preuves d'agissements frauduleux. • Droit d'enquête en matière de TVA : procédure administrative permettant une visite inopinée dans les locaux professionnels et à des horaires réglementés pour constater des manquements aux règles de facturation.
Procédure de « flagrance fiscale »	• Procédure permettant à l'administration la saisie conservatoire chez un contribuable professionnel, pour des situations de fraudes précises (activités occultes, travail dissimulé, etc.) et lui infliger une amende spécifique (de 5 000 à 30 000 €). • Ne peut concerner qu'une période d'imposition en cours ou achevée mais n'ayant pas encore été déclarée, et seulement si le recouvrement fiscal ne semble pas assuré.

3 Droits et garanties du contribuable

Il existe des garanties propres à chaque type de contrôle (↪ fiche 53) mais aussi des garanties générales des droits des contribuables vis-à-vis du pouvoir de rectification de l'administration, notamment le **rescrit fiscal**.

En cas de violation des **garanties du contribuable**, la procédure est frappée de nullité.

Garanties générales du contribuable vis-à-vis de l'administration fiscale

	Commentaires
Droit au rescrit fiscal	• Possibilité pour le contribuable d'interroger l'administration sur l'application des règles fiscales et sur sa situation au regard de ces règles : interprétation des textes, appréciation d'une situation de fait, etc. • Désigne la réponse apportée par l'administration, position opposable sous conditions (selon les textes, son absence de réponse dans certains délais est considérée comme un accord tacite). • Possibilité d'un « rescrit-contrôle » pendant le déroulement d'un examen ou la vérification de comptabilité.
Garanties liées aux changements de doctrine	• Impossibilité de tout rehaussement d'imposition qui serait en contradiction avec la doctrine administrative en vigueur au moment de la mise en recouvrement ou du paiement de l'impôt contrôlé. • L'administration ne peut revenir sur les prises de position relatives à la situation de fait d'un contribuable au regard d'un texte fiscal.
Garanties liées au déroulement du contrôle	Envoi d'un **avis de vérification** avant le contrôle précisant les années, le(s) impôt(s) soumis à contrôle, la possibilité de se faire assister d'un expert, la consultation possible en ligne de la **Charte du contribuable** (qui précise les dispositions applicables en matière de vérification, les droits et garanties du contribuable vérifié).
Garanties liées aux conclusions de la vérification	• Obligation de porter les conclusions à la connaissance du contribuable, ainsi que, le cas échéant, le montant des rectifications calculées (droits et pénalités). • Possibilité pour le contribuable de se faire communiquer le rapport de vérification. • Procédure de rectification obligatoirement contradictoire.

LE + DE L'EXPERT

L'avis de rectification doit être adressé par l'administration dans le délai de reprise.

53 Contrôle fiscal : modalités et recours

Mots-clés

Acte anormal de gestion • Contrôle sur demande • Contrôle sur pièces • Droit de contrôle • Examen de comptabilité • Vérification de comptabilité

La réglementation fixe des règles précises concernant le déroulement des contrôles et l'éventuelle procédure de rectification qui en découle.

1 Formes du contrôle fiscal

Définition

Le **droit de contrôle** est le droit général d'investigation dont dispose l'administration fiscale. Il apparaît comme le corollaire de la technique française de recouvrement de l'impôt par déclaration.

Le contrôle peut donner lieu à différentes procédures.

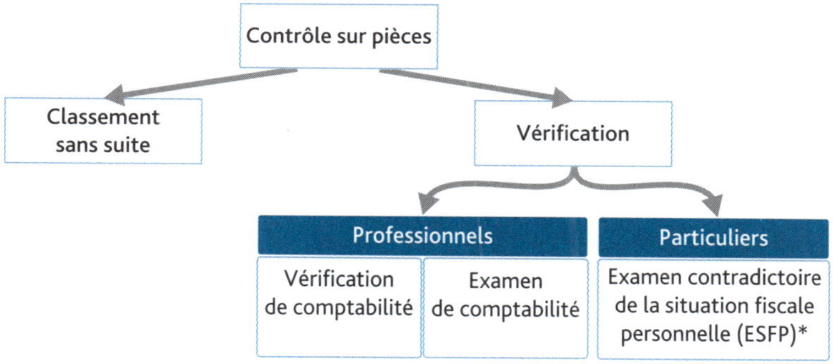

* L'ESFP n'est plus au programme du DCG.

A. Contrôle sur pièces

Le **contrôle sur pièces** est un contrôle quasi systématique sur documents à partir des déclarations reçues et du dossier du contribuable pour détecter/corriger erreurs ou anomalies. Il débouche sur un classement sans suite ou sur une vérification.

B. Vérification de comptabilité (contribuables professionnels)

Conditions	Vérification « générale » (portant sur tous les impôts déclarés) ou « simple ».
Lieu d'exécution	La vérification s'effectue sur place mais le contribuable peut demander que l'examen des documents comptables ait lieu dans les bureaux de l'administration fiscale ou à l'endroit où les documents comptables se trouvent.

Déroulement	• La vérification consiste en un examen approfondi de la comptabilité (sincérité des comptes, des enregistrements comptables et des déclarations fiscales). • Le vérificateur peut prendre des copies des documents consultés sans que le contribuable puisse s'y opposer. • En cas de comptabilité informatisée, le contribuable doit remettre à l'administration une copie des fichiers des écritures comptables (FEC) sous forme dématérialisée, au début des opérations de contrôle. • S'il juge la comptabilité irrégulière ou non sincère, le vérificateur peut procéder à son rejet et substituer de nouvelles bases à celles qui avaient été déclarées.
Durée	La durée de la vérification n'est limitée que pour les PME dont le chiffre d'affaires est inférieur au régime du réel simplifié. Dans ce cas, elle ne peut excéder 3 mois.
Garanties spécifiques du contribuable	• En principe, l'administration ne peut plus revenir sur le même impôt sur la même période. • Selon la « théorie des corrections symétriques » des erreurs, l'administration doit rectifier symétriquement le bilan à l'ouverture de l'exercice si la même erreur se retrouve dans ce bilan, mais uniquement jusqu'à celui du plus ancien exercice non prescrit. • L'administration n'a pas à juger de l'opportunité des décisions de gestion des dirigeants. Elle peut cependant rectifier sur la base d'un « **acte anormal de gestion** » si elle peut le prouver. • La cascade permet qu'un supplément d'impôt résultant d'une rectification s'impute sur la base d'une autre imposition également vérifiée (cascade simple ou complète).

C. Examen de comptabilité (contribuables professionnels)

L'**examen de comptabilité** est une procédure intermédiaire entre le contrôle sur pièces à distance et la **vérification de comptabilité** sur place ; l'administration a ainsi la possibilité d'examiner la comptabilité à distance, sans se rendre sur place (même en cas de demande expresse du contribuable), après transfert des FEC.

2 Procédures de rectification

A. Principe : procédure de rectification contradictoire

Lors de la clôture de la vérification, la rectification est jalonnée par plusieurs étapes.

Phases de la procédure de rectification contradictoire

Transmission d'une proposition au contribuable par l'administration fiscale

Avis assorti ou non d'une proposition de rectification

→

Exercice ou non du droit de réponse du contribuable

- Possibilité d'accepter ou de contester, dans les 30 jours, la rectification
- Possibilité de demander des précisions ou de fournir de nouveaux arguments
- Réponse obligatoire de l'administration

→

Accord : mise en recouvrement des sommes en jeu dans les 30 jours

Désaccord : saisine d'une commission par l'une des parties, notification de l'avis au contribuable et mise en recouvrement (démarrage éventuel de la procédure contentieuse)

B. Exception : procédure d'imposition d'office

Il s'agit d'une procédure non contradictoire par dérogation qui concerne certains cas précis :

- défaut ou retard de production de certaines déclarations sans régularisation dans les 30 jours suivant une mise en demeure ;
- défaut de réponse aux demandes d'éclaircissements ou justifications ;
- opposition au contrôle fiscal, dont obstacle à l'accès aux pièces ou documents sur support informatique, à leur lecture ou leur saisie.

L'administration évalue alors elle-même les bases d'imposition, à partir des informations dont elle dispose. Aucun échange contradictoire n'intervient avec le contribuable et aucune commission n'est saisie.

C. Procédures d'abus de droit et de « mini-abus de droit »

Abus de droit	Permet à l'administration d'écarter les actes : – juridiquement fictifs (ou « abus de droit par dissimulation », critère difficile à démontrer en pratique par l'administration) ; – *et* qui n'ont pu être accomplis *exclusivement que* dans le but d'atténuer l'impôt (« abus de droit par fraude à la loi »).
« Mini-abus de droit » (applicable à compter de 2021 pour des actes réalisés à compter de 2020)	Permet à l'administration d'écarter les actes : – résultant de l'application littérale de la loi fiscale contraire à l'intention du législateur (critère « objectif ») et la poursuite d'un but fiscal (critère « subjectif »), qui reprend l'« abus de droit par fraude à la loi » ; – *et* effectués dans un but *principalement* fiscal.

Dans les deux cas, le contribuable dispose des mêmes garanties : en cas de désaccord avec l'administration sur les rectifications notifiées, il peut demander l'avis du comité de l'abus de droit fiscal. En revanche, les sanctions varient (↪ fiche 54).

D. Procédure de régularisation spontanée par le contribuable en cours de contrôle

Cette procédure peut être utilisée en cours de vérification (contrôle sur pièces, vérification/examen de comptabilité ou ESFP) par des contribuables jugés « de bonne foi » et pour tous les impôts. Elle permet, moyennant le paiement des droits simples (↪ fiche 54), de régulariser les erreurs ou insuffisances commises dans les déclarations souscrites dans les délais.

À cette fin, le contribuable doit :

- émettre une demande de régularisation spontanée dans les 30 jours suivant la réception de la proposition de rectification ;
- déposer une déclaration complémentaire ;
- acquitter les suppléments de droits et les intérêts à terme.

En réponse :

- Soit le vérificateur estime que les conditions ne sont pas remplies ; il notifie alors son rejet motivé.
- Soit le vérificateur estime que les conditions sont remplies pour accéder à cette demande ; il liquide alors définitivement les droits et l'intérêt de retard réduit sur une déclaration complémentaire de régularisation. Celle-ci doit être signée par le contribuable pour attester son accord.

LE + DE L'EXPERT

Il existe une possibilité de **contrôle sur demande** par les petites entreprises, sur des points précis. Si l'administration donne suite à cette requête, un contrôle allégé se déroule dans les locaux professionnels. Les modalités de rectification éventuelle sont elles-mêmes allégées mais il ne s'agit pas d'un réel contrôle et le contribuable ne bénéficie pas de toutes les garanties correspondantes.

54 Répression administrative des infractions fiscales

Mots-clés

Sanction administrative • Voie de rôle

Les infractions fiscales donnent généralement lieu à des sanctions administratives. Dans certains cas, une sanction pénale s'ajoute (↪ fiche 55).
Les **sanctions administratives** comprennent deux éléments qui, en principe, se cumulent.

Sanctions administratives

Intérêt de retard
Compensation du retard intervenu dans le paiement de l'impôt par le contribuable

\+

Pénalités
Majoration et/ou amendes pénalisant le contribuable en raison de l'infraction

1 Intérêt de retard

L'intérêt de retard s'élève actuellement à **0,20 %** par mois, soit 2,4 % par an (à partir du 1er jour du mois qui suit celui au cours duquel la somme concernée aurait dû être acquittée ; pour l'IR, c'est le 1er juillet de l'année suivant celle d'imposition). Il est réduit dans de rares cas et concerne tous les impôts.

2 Pénalités

Les pénalités varient selon les circonstances (type d'infraction et bonne foi présumée du contribuable).

Majorations applicables selon l'infraction

Situations	Majorations
Pénalités pour insuffisance d'une déclaration déposée :	
• Bonne foi (absence de « manquement délibéré »)	0 %
• Mauvaise foi (manquement délibéré établi)	40 %
• Manœuvre frauduleuse ou abus de droit	80 %
Pénalités pour absence ou retard de déclaration :	
• Régularisation sur simple demande dans les 30 jours suivant la première mise en demeure	10 %
• Non-dépôt dans les 30 jours suivant la mise en demeure	40 %
• En cas de découverte d'activités occultes	80 %

Situations	Majorations
Pénalités pour retard ou défaut de paiement : • IR et contributions sociales, taxes foncières, CVAE, contributions sociales sur les revenus du patrimoine, IFI • Autres impôts (IS, CVAE, TVA, droits d'enregistrement, taxes sur les salaires, etc.)	10 % 5 %
Pénalités pour entrave au contrôle fiscal : • Défaut de production ou production tardive des documents destinés à permettre le contrôle de l'impôt ou omissions ou inexactitudes relevées dans les documents produits • Opposition au contrôle fiscal (caractérisée dès lors que le contribuable met physiquement ou matériellement obstacle aux investigations de l'administration, qu'il n'est pas présent pendant la période de vérification)	• Amendes de différents montants par infraction relevée/ document manquant • Imposition d'office avec majoration de 100 %

Un seuil de tolérance (de 5 % ou 10 % selon les impôts) s'applique à titre de mesure de tempérament et la bonne foi du contribuable est prise en considération.

3 Recouvrement

L'ensemble des sanctions sont recouvrées par **voie de rôle** (le contribuable reçoit un avis précisant les nature, montant et date limite de paiement).

Le contribuable dispose de 30 jours pour contester ces pénalités. Le recours contentieux s'effectue par voie de réclamation. Si le désaccord subsiste, une procédure juridictionnelle est enclenchée. Un recours gracieux est également possible auprès de l'administration.

En cas de défaut de paiement après envoi d'une lettre de mise en demeure, des actes de poursuite peuvent être engagés contre le contribuable, selon différents niveaux (commandement, saisie des biens, contrainte par corps). Par ailleurs, le recouvrement des créances fiscales est garanti par des sûretés réelles sur les biens du contribuable (privilège, hypothèque) et la responsabilité solidaire des dirigeants (pour les sociétés).

▸ **Exemple**

Un contribuable aurait dû payer 1 000 € d'impôt sur le revenu au titre de N.
Il n'a, volontairement, pas déclaré certains de ses revenus et n'a donc payé que 500 € d'IR en N+1. L'administration se rend compte de ce manquement 10 mois après l'échéance normale de l'impôt.

– Rappel d'impôt :	500 €
– Pénalités de retard : 500 × 0,2 % × 10	10 €
– Majoration pour mauvaise foi : 500 × 40 %	200 €
– Total mis en recouvrement :	710 € ◂

LE + DE L'EXPERT

La répression administrative vise à sanctionner, sur le plan pécuniaire, le manque à gagner affectant l'État après une infraction (réparation).

55 Répression pénale des infractions fiscales

Mots-clés

Fraude fiscale • Délit général • Délit spécifique • Prescription

Outre les sanctions administratives (↪ fiche 54), dans certains cas, un volet pénal peut également être ouvert.

1 Délits en matière fiscale

Différents délits pénaux sont prévus en matière fiscale :

- le délit de **fraude fiscale**, qui se caractérise par l'omission, ou l'action, dans le but de faire intentionnellement obstacle à l'établissement de l'impôt (l'administration devant démontrer cette intention, sauf en cas de non-déclaration) ;
- de nombreux autres délits annexes : délit d'omission d'écritures ou de passation d'écritures inexactes ou fictives, tenue de comptabilités inexactes, établissement de faux bilans, etc. ;
- des **délits spécifiques** à certains impôts (ex. : escroquerie à la TVA) ;
- d'autres **délits généraux** (ex. : « résistance à l'impôt »).

2 Procédure

A. Délai de prescription

La **prescription** de droit commun (3 ans) s'applique sauf pour le délit de fraude fiscale (6 ans).

B. Auteurs

Sont passibles de la procédure les dirigeants d'entreprise ainsi que les autres « complices » associés à l'infraction.

C. Procédure

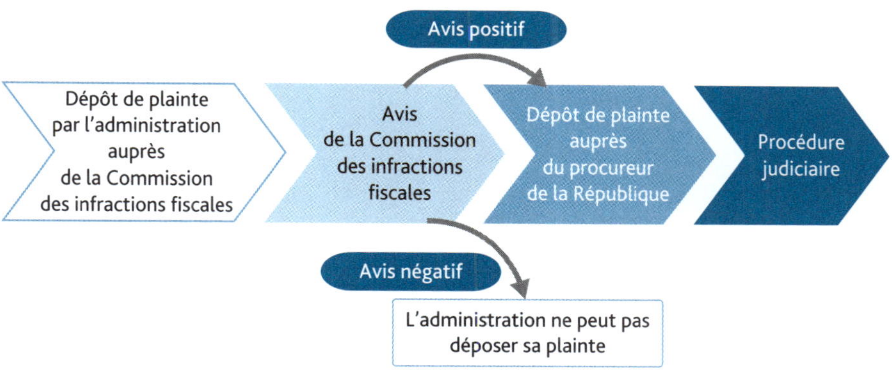

3 Sanctions

Les **sanctions pénales** se déclinent en trois types de peines.

Peines encourues en cas de délit fiscal

Peines principales	• 5 ans d'emprisonnement et amende de 500 000 €. • 5 ans d'emprisonnement et amende de 750 000 €. • 7 ans d'emprisonnement et amende de 1 M€ (en cas de recours à des « paradis fiscaux »). • 7 ans d'emprisonnement et amende de 3 M€ (en cas de circonstances aggravantes).
Peine accessoire automatique	Interdiction de participer aux travaux de certaines commissions administratives des impôts.
Peines complémentaires	• Publication et affichage du jugement. • Interdiction d'exercer une profession et suspension du permis de conduire. • Exclusion des marchés publics. • Solidarité de paiement avec le redevable légal de l'impôt faisant l'objet de la fraude. • Privation de droits civiques, civils et de famille.

LE + DE L'EXPERT

Les infractions fiscales ne peuvent être sanctionnées que si les éléments constitutifs d'un délit expressément prévu par le Code pénal au moment des faits sont réunis.

Un entraînement complet pour un parcours sans faute !

Découvrez la collection « Expert Sup »
sur le portail de l'expertise comptable
www.expert-sup.com

DUNOD
leader de l'expertise comptable

EDITIONS
FRANCIS LEFEBVRE

82400 - (I) - SOP 90 - P314U - NOC - NRI

JOUVE-PRINT
733, rue Saint-Léonard, 53100 MAYENNE
OF: 2963210X
Dépôt légal : mai 2021

Imprimé en France